Antje Gertrud Hofmann

Hochsensible Kinder
Die liebevollen Boten des Universums

Antje Gertrud Hofmann

Hochsensible Kinder

Die liebevollen Boten
des Universums

AURUM

Umschlaggestaltung: Subsonic Media
Titelfoto: Björn Gaus, www.bg-fotodesign.de
Lektorat: Dr. Juliane Molitor

Die Deutsche Bibliothek – CIP-Einheitsaufnahme
Ein Titeldatensatz für diese Publikation ist bei der Deutschen Bibliothek erhältlich.

1. Auflage 2001
2. Auflage 2002
3. Auflage 2007
ISBN 978-3-89901-486-0

Satz: Subsonic Media
Gesamtherstellung:
Westermann Druck Zwickau GmbH

Dieses Buch wurde auf 100 % Altpapier gedruckt und ist alterungsbeständig. Weitere Informationen hierzu finden Sie unter www.weltinnenraum.de

Dieses Buch ist allen großen und kleinen sensitiven Menschen gewidmet.
Liebe, Verständnis und Gottes Segen sollen ihre Begleiter sein.

Inhalt

Einleitung

Mit dem Beginn des neuen Jahrtausends ist uns ein spiritueller Bewusstseinswandel vorhergesagt worden, für den es mittlerweile viele Anzeichen gibt. Eindeutig erkennbar ist zum Beispiel eine verstärkte Hinwendung zu spirituellen Lebensinhalten und der Wunsch nach einer bewussteren Lebensweise. Zu beobachten ist auch die verstärkte Präsenz von hochsensiblen und sensitiven Kindern, die diesen Wandel zu unterstützen scheinen.

Ganz offensichtlich werden derzeit vermehrt Kinder geboren, die alles, was sich um sie herum abspielt, sehr deutlich und intensiv wahrnehmen und die darüber hinaus über besondere Gedankenkräfte zu verfügen scheinen. Leider haben es diese Kinder, gerade wegen ihrer sensitiven Sinnesstruktur, nicht besonders einfach in unserer leistungsorientierten Welt. Manchmal scheint es, als wären diese sensitiven Seeleneigenschaften auf unserem „Leistungsplaneten“ geradezu unerwünscht und müssten unterdrückt werden. Gleichzeitig stellen immer mehr Menschen fest, dass die bisher errungenen materiellen Güter das Leben zwar merklich erleichtert haben, dass sie aber die erhoffte langfristige und tiefer gehende emotionale Befriedigung niemals vermitteln können. Die allseits ersehnte tiefe Erfüllung kann sich nur einstellen, wenn wir den spirituellen

Werten wieder mehr Raum in unserer materiell geprägten Welt geben.

Es ist also kein Wunder, dass gerade in dieser Wandlungsphase immer mehr sensitive Kinder auf die Erde „geschickt“ werden. Sie führen uns Tag für Tag vor Augen, dass es noch einen anderen Weg gibt, einen Weg, der nicht nur mit materiellen „Betonplatten“ gepflastert ist, sondern auch mit spirituellen „Edelsteinen“.
Ich selbst arbeite in den letzten Jahren vermehrt mit Kindern, die ursprünglich den Weg zu mir fanden, weil sie als „entwicklungsgestört und lernbehindert“ eingestuft worden waren. Einige diese Kinder weisen spezifische Merkmale auf, die sie ganz klar von lerngestörten Kindern unterscheiden. Ich bezeichne die Grundproblematik dieser Kinder als HSC-Syndrom (Highly Sensitiv Child Syndrom; etwa: Hochsensibles-Kind-Syndrom).
Sensitivität ist eine natürliche Eigenschaft, die in jedem Lebewesen angelegt ist. Ähnlich wie der Instinkt den Tieren dienen Sensitivität und Intuition dem Menschen zunächst als feinstes Orientierungs- und Frühwarnsystem, mit dessen Hilfe er Zusammenhänge erfassen und bewerten kann, die dem Verstand nicht zugänglich sind. Dieses Frühwarnsystem war in primitiven Urzeiten sehr viel stärker ausgeprägt, weil es damals unter anderem darum ging, Feinde in freier Wildbahn möglichst frühzeitig auszumachen, um dann durch Aktivie-

rung des Flucht-Kampf-Mechanismus das eigene Leben zu schützen. Flüchten oder kämpfen? Das war die entscheidende Frage. Gefahrensituationen mussten also „blitzschnell" erkannt, analysiert und bearbeitet werden. Je sensitiver die Wahrnehmung, desto größer waren die Überlebenschancen im Ernstfall. In manchen Situationen war es aber auch notwendig, abzuwarten bis der Feind vorbeigezogen war. Die möglichst richtige und überlebensstrategisch sinnvollste Lösung auszuwählen, war Aufgabe der Intuition und der Sensitivität. Intuition und Sensitivität waren also Eigenschaften, die mit dem Kampf ums Überleben zu tun hatten – Strategien zur Erhaltung der Art.

In unserer hochtechnisierten Welt scheinen diese Eigenschaften nicht mehr sehr gefragt, obwohl sie, gezielt eingesetzt, nach wie vor von großem Nutzen sind. Aber leider werden sie oft als regelrecht störend eingestuft und teilweise sogar gezielt unterdrückt. Die Gesellschaft ist daran interessiert, lernwillige und leistungsfähige Wesen heranzubilden, was zur Folge hat, dass sich bereits Schulkinder in ein funktionsfähiges Leistungsschema einfügen müssen – meist auf Kosten ihrer intuitiven Fähigkeiten.

Woran erkennt man hochsensible Kinder?

Hochsensible Kinder verfügen von Geburt an über eine außerordentlich stark ausgeprägte Sensitivität und Intuition. Sie sind in der Lage, unbewusste Gedankenformen, Gefühle und Energien aus ihrem Umfeld rasch und präzise aufzunehmen und je nach Alter und Entwicklungsstufe auszuwerten. Gleichzeitig sind diese Kinder sehr sozial eingestellt. Sie legen oft ein äußerst stark ausgeprägtes Gerechtigkeitsempfinden und große Hilfsbereitschaft an den Tag. Nicht selten übernehmen sie für Freunde und Schulkameraden die Rolle des Beschützers, Helfers und Vermittlers, wobei es ihnen immer darum geht, liebevolle Unterstützung anzubieten. Meist haben sie ein sehr ruhiges und ausgeglichenes Wesen und verfügen darüber hinaus über sehr viel Fantasie und Kreativität. Ihre besondere Liebe gilt der Natur (Tier- und Pflanzenwelt). Großes Interesse haben sie auch an Religion und spirituellen Themen. Manchmal haben diese Kinder schon im Kleinkindalter außersinnliche Wahrnehmungen (Hellsehen, Hellhören etc.), die sehr eindrucksvoll und intensiv sein können. Einige verfügen über Wissen und Erinnerungen aus früheren Leben und sprechen sogar kurzfristig in einer fremden Sprache. Manchmal können diese Kinder ihren überraschten Eltern sogar erklären, warum das so ist.

Andere sind zum Beispiel in der Lage, im Schlaf ihren Körper zu verlassen, um mit Freunden zu spielen, die zur selben Zeit ihren Körper verlassen haben. Kurz bevor das Manuskript zu diesem Buch fertig war, hatte ich „zufällig“ Kontakt mit einer Dame, die mir erzählte, dass sie als Kind oft wochenlang in einem Gipsbett im Krankenhaus liegen musste. Zu dieser Zeit gab es in Krankenhäusern weder Spiele noch Fernsehen für Kinder, und auch die Besuchszeiten waren sehr eingeschränkt. Sie langweilte sich jedoch überhaupt nicht, denn sie verließ regelmäßig ihren Körper, um mit anderen Kinderseelen zu spielen, deren Körper in der gleichen Situation war wie ihrer. Diese Kinderseelen tobten ausgelassen herum und erlebten alle Bewegungen, die sie im Moment auf der körperlichen Ebene nicht ausführen konnten, auf der seelischen Ebene. Irgendwann im Laufe dieses Krankenhausaufenthaltes lag ein sterbendes Kind mit ihr im Zimmer, das sehr intensiv betreut wurde. Die Seelen der beiden Kinder trafen sich außerhalb ihrer Körper und spielten fröhlich und ausgelassen miteinander, ohne die tragischen körperlichen Umstände in ihrem irdischen Leben zu beachten. Bis schließlich die „Lichtengel“ kamen, um das andere Kind liebevoll in Empfang zu nehmen. Die Dame, die mir diese Geschichte erzählte, war ein hochsensibles Kind, das damals überhaupt nicht verstand, warum alle so traurig um das Bett dieses sterbenden Kindes standen, denn sie hatte selbst gesehen, wie gut es ihm ging. Auf diese Weise hatte sie erfahren, dass unser irdischer Tod in der geistigen Welt eine Geburt oder ein Neubeginn ist. Heute arbeitet sie als spirituelle Heilerin.

Hochsensible Kinder gedeihen gut bei fleischloser Kost. Ihr vorrangiges Interesse gilt praktischen Lebensfragen und lebensnahen Zusammenhängen. Viele dieser Kinder haben Probleme in der Schule, weil sie oft verträumt wirken und gedanklich abschweifen. Die wahren Gründe für diese Verträumtheit sind jedoch nicht in einem Mangel an Konzentrationsfähigkeit und Disziplin zu suchen, sondern in einem mangelnden Interesse an bestimmten Themen, die in der Schule vermittelt werden. Vielfach sehen diese Kinder keine Notwendigkeit, für sie „unwichtige Themen“ in ihr Gedankenfeld einzulassen. Auf der anderen Seite scheinen sie einen Feinfilter für Gedankenformen zu haben, der anderen Kindern nur noch rudimentär zur Verfügung steht. Viele Kinder mit HSC-Syndrom haben eine andere Gedankenschwingung, weil sie sich oft in einer entspannten „intuitiven Aufnahmesituation“ befinden. Das ist es, was Erwachsene oft als „verträumt“ bezeichnen, weil sie es einfach nicht nachvollziehen können.

Es ist ohnehin eine Tatsache, dass viele Menschen nicht in der Lage sind, sich mit der seelischen Problematik solcher Kinder auseinanderzusetzen. Hochsensiblen Kindern fehlt oft das nötige Selbstbewusstsein, weil ihre besonderen Qualitäten nicht in ausreichendem Umfang anerkannt und gefördert werden. Manchmal werden sie wegen ihrer Andersartigkeit sogar gehänselt und leiden entsprechend. Viele ziehen sich ganz von Spielkameraden und Mitschülern zurück, weil sie verletzt oder gekränkt wurden und nun Angst vor erneuten Zurückweisungen haben. Ein weiteres Problem haben diese Kinder mit Zeitverständnis und Pünktlichkeit sowie mit Schnelligkeit und Leistungsstreben. Deshalb werden sie häufig als lerngestört eingestuft.

Nun ist aber nicht jedes Kind, das einige dieser Symptome aufweist, ein hochsensibles Kind. Der wichtigste Hinweis auf ein HSC-Syndrom ist das (kinesiologisch austestbare) verkippte Keilbein im Schädel – ein deutliches Indiz für die seelische Bedrängnis dieser Kinder und ein Indikator zum kinesiologischen Nachweis von emotionalem Stress.

Kinder mit HSC-Syndrom leiden oft und viel stärker als ihre Klassenkameraden unter Schulstress. Weil sie sehr sensitiv sind, haben sie eine große Abneigung gegen Unruhe, Lärm und Gewalt. Da diese Probleme an herkömmlichen Schulen ständig zunehmen, versteht es sich von selbst, dass auf die Bedürfnisse hochsensibler Kinder dort nicht genügend eingegangen werden kann, von der Berücksichtigung besonderer Seelenqualitäten ganz zu schweigen. Demzufolge erfahren viele hochsensible Kinder innerhalb des herkömmlichen Schulsystems eine deutliche Benachteiligung, um nicht zu sagen Beeinträchtigung. Erschwerend kommt noch hinzu, dass diese Kinder aufgrund ihrer ausgeprägten Sensitivität enorm unter familiären Spannungen leiden. Sie sind ausgesprochen empfänglich für negative Schwingungen und Disharmonien in ihrem familiären Umfeld. Häufig werden die seelischen Nöte hochsensibler Kinder durch Unstimmigkeiten zwischen den Eltern hervorgerufen. Aber auch die Ankunft eines Geschwisterkindes, ein Schulwechsel, ein Umzug oder der Verlust eines Haustieres kann bei einem hochsensiblen Kind massiven emotionalen Stress auslösen.

Zeugung und Geburt aus spiritueller Sicht

Schon viele Wissenschaftler haben sich damit beschäftigt, was geschieht, wenn Leben entsteht. Weitgehend unerforscht blieb jedoch die Frage nach der Herkunft der Seele und deren Sitz im menschlichen Organismus. Die Existenz eines (Seelen-)Lebens nach dem Tod und die These von der Wiedergeburt wurde bisher nur durch religiöse Schriften und eindeutige Berichte von Nahtod-Erfahrungen bestätigt. Demnach gibt es eine „geistige Welt", die wir mit unseren fünf Sinnen aus bestimmten, aber unerklärlichen Gründen im Normalfall nicht wahrnehmen können. Es gibt jedoch zahlreiche Berichte von Menschen, die bereits Kontakt mit der geistigen Welt hatten, und alle diese Berichte gleichen einander.

Nach dem Tod und mit dem Übergang vom irdischen zum geistigen Leben existiert nur noch unsere Seele. Sie kehrt nach ihrer „Mission" auf der Erde (nach einem Erdenleben) sozusagen zurück in ihre Heimat, in die geistige Welt. In der geistigen Welt herrscht eine andere, feinere und höhere Schwingung voller Wärme und Harmonie. Auf der Erde hingegen regiert eine niedrigere Schwingungsebene. Seelen in der geistigen Welt kommunizieren mit Licht- und Gedankenenergie und verfügen über ein völlig anderes Zeitgefühl, welches mit irdischen Verhältnissen nicht vergleichbar ist.

In der geistigen Welt herrschen außerdem hohe lichtvolle und sehr starke Energien.

Es ist bekannt, dass in einer „geistigen Welt“ Seelen leben, um zu einem vorbestimmten Zeitpunkt zu inkarnieren, das heißt, wiedergeboren zu werden. Dies geschieht, damit die Seele in einem menschlichen Körper ein Erdenleben führen und bestimmte Lektionen und Reifungsphasen durchlaufen kann. Inkarnierte Seelen sind bestrebt, sich stets weiterzuentwickeln, um näher zu Gott zu kommen und schließlich auf der höchsten Entwicklungsstufe „erlöst“ zu werden. Zum Zeitpunkt ihrer „Erlösung“ ist eine Seele nicht mehr auf eine Wiedergeburt angewiesen. Ihr Entwicklungsprozess ist abgeschlossen. Jede Seele ist somit bestrebt, die aufeinanderfolgenden Entwicklungsstufen zu durchlaufen, um schließlich die „Erlösungsphase“ zu erreichen. Darauf folgt ein „dauerhafter Einsatz als höherentwickeltes Wesen“ in der geistigen Welt. Es kommt jedoch immer wieder vor (besonders in Krisenzeiten), dass alte Seelen noch einmal auf die Erde geschickt werden, um den Menschen mit ihrer Weisheit und Liebe beizustehen.

Kinderseelen suchen sich ihre Eltern und ihren künftigen Lebensweg aus. Oft bewirken sie sogar, dass sich die als Mutter auserwählte Frau und der als Vater auserwählte Mann „zufällig“ begegnen und ein Paar werden. (Es gibt bekanntlich keine Zufälle ...) Doch damit nicht genug. Sie sorgen nicht nur dafür, dass sich die beiden „richtigen Menschen" begegnen, sondern auch noch dafür, dass sie sich ineinander „verlieben". Häufig sind sie sogar an unerklärlichen „Verhütungspannen" beteiligt, um ihren Plan zu realisieren. Einige Kinder drängt es regelrecht auf die Erde und zu den ihnen „vorbestimmten" Eltern.

So kann es passieren, dass manche Seelen zu früh geboren werden. Das sind die meist sehr kleinen, zarten Kinder, die immer zwei bis drei Jahre jünger wirken, als sie in Wirklichkeit sind. Ihnen wird oft eine „Entwicklungs- oder Wachstumsverzögerung" attestiert. Die verfrühte Inkarnation findet statt, weil sich diese Kinder ein ganz bestimmtes Paar ausgewählt haben. In einigen Fällen scheinen sich diese Kinderseelen sogar bewusst gewesen zu sein, dass dieses Paar in ein paar Jahren nicht mehr zusammen sein wird. Sie haben also eine „vorzeitige Inkarnation" gewählt, um genau dieses Paar durch die eigene Geburt zusammenzuführen – auch im Hinblick auf die anstehenden Lektionen, die das Paar und das Kinderseelchen in dieser Zeitspanne zu lernen haben. Diese Aktionen sind jedoch immer im Einklang mit dem göttlichen Schöpfungsplan. Wenn eine Kinderseele inkarniert, dann heißt dies, dass das Kind nach der Zeugung zeitweise im Körper seiner Mutter weilt, aber auch immer wieder in geistige Gefilde „zurückwandert",

um sich behutsam auf seinen neuen Körper und sein neues Erdenleben vorzubereiten.
Tage vor der eigentlichen Geburt auf der Erde wird in der geistigen Welt ein „Freudenfest“ (oder Abschiedsfest) veranstaltet. In freudvoller und liebevoller Atmosphäre wird das Kind aus der geistigen Welt verabschiedet und auf sein Erdendasein vorbereitet. Dann öffnet sich eine große Flügeltür und jemand ruft: „Jetzt bist du dran!“ Ein neuer Reifungsweg beginnt. Das bedeutet aber auch, dass die lichterfüllte, liebevolle und harmonische Schwingungsebene zurückgelassen werden muss. Spätestens während des Geburtsvorgangs wird das Kind mit der Enge seines eigenen Körpers konfrontiert. Nach der Geburt ist es zunächst von grellem Licht und Kälte umgeben und leidet unter der Erdanziehungskraft und dem niedrigen Schwingungsfeld der Erde, dem sein kleiner Körper plötzlich ausgesetzt ist. In vielen Fällen bekommt das neue Erdenkind auch noch einen Klaps auf den Po, damit es sofort weiß, was es auf unserem Planeten zu erwarten hat.

Viele Säuglinge schreien und weinen noch lange nach ihrer Geburt regelmäßig und ausdauernd, weil sie die vielen irdischen Eindrücke als sehr bedrückend erleben. In der geistigen Welt geht eben alles freudiger, liebevoller und leichter zu. Bei anderen ist ein ausgeprägtes Schlafbedürfnis zu beobachten, denn im Schlaf kann die Seele einen Ausflug in die geistige Welt machen. Das Fäustchenballen im Schlaf spiegelt oft eine mentale Anspannung wider und das Hochschrecken aus dem Schlaf hängt mit dem Einkehren der Seele in den Körper zusammen. Doch allmählich gewöhnt sich die Seele an den Körper, und diese Zeichen verschwinden.

Zukünftige Eltern sollten bedenken, dass sie mit der Zeugung eines Kindes eine Seele „herbeirufen", die den intensiven Wunsch hat, bei den von ihr „ausgewählten" Eltern zu leben. Natürlich wird dieser Ruf nicht immer erwidert und eine Seele findet sich nicht „automatisch" bereit, bei dem betreffenden Paar geboren zu werden. Manche Paare wünschen sich sehnlichst ein Kind, aber dennoch halten bestimmte Umstände ein Seelchen davon ab, sich zu diesem Zeitpunkt bei ihnen zu inkarnieren.

Wenn bei einer Zeugung auch eine Befruchtung stattfindet, wird die betreffende Frau schwanger. In manchen Fällen glückt das zwar nicht, vielleicht weil die Frau oder der Mann unfruchtbar ist oder weil Verhütungsmittel benutzt werden, aber dennoch ist der starke Wille einer Seele vorhanden, bei dieser Mutter und diesem Vater zu bleiben. In einigen Fällen war diese Seele bereits in einem früheren Leben das Kind der gewählten Eltern und konnte sich damals sehr gut weiterentwickeln, weil die ihm gebotenen Bedingungen ideal waren.

Manchmal genügt aber auch eine außergewöhnlich starke sexuelle Energie und eine sehr tiefe Liebe zwischen zwei Menschen, um eine Seele ungewollt anzuziehen. Das ist gerade in spirituellen oder karmischen Beziehungen sehr häufig der Fall. Nun klammert sich dieses „feinstoffliche Seelchen" an das Becken der gewählten Mutter. Ich sage Becken, weil es auf der feinstofflichen Ebene unerheblich ist, ob ein Uterus vorhanden ist. Zunächst spürt die betroffene Frau nichts, aber im Laufe der kommenden Wochen kann es zu so etwas wie „Schwangerschaftsbeschwerden" kommen, obwohl nachweislich keine Schwangerschaft vorliegt. Spannungen in der Brust, Übelkeit, Müdigkeit, Schwindel oder Schmerzen im Becken erinnern Frauen, die schon Kinder bekommen haben, an das, was sie zu Beginn einer Schwangerschaft erlebt haben. Manche Frauen suchen dann ihren Gynäkologen auf, der keine Schwangerschaft feststellen kann und die Beschwerden als Hormonstörung oder PMS einstuft.

In Wirklichkeit liegt aber doch eine Schwangerschaft vor, und zwar auf der feinstofflichen Ebene. Die Mutter ist mit der Energie eines Kinderseelchens schwanger, das keinen materialisierten Körper hat. Ein erfahrener Heiler oder hellsichtiger Therapeut kann dies feststellen, mit dem betreffenden Seelchen Kontakt aufnehmen und es liebevoll zurück in die geistige Welt begleiten. In der Regel ist dies für das betroffene Seelchen wenig dramatisch, denn es durchläuft eine feinstoffliche Geburt, um dann in die geistige Welt zurückzukehren. Weitaus belastender ist dieser Vorgang für die betroffene Frau. Sie hat meist nicht nur unter leichten Bauchschmerzen, sondern auch unter seelischen Beschwerden zu leiden, über die sie mit niemandem sprechen kann.

Wenn das Seelchen nicht durch einen Therapeuten in die richtigen Bahnen gelenkt wird, findet nach einigen Monaten eine Art Geburt auf der feinstofflichen Ebene statt, die sich durch ziehende Bauchschmerzen bemerkbar macht. Nicht immer endet eine feinstoffliche Schwangerschaft nach der üblichen Dauer. Manchmal kann sie sich auch sehr viel länger hinziehen. Auf jeden Fall ist es wichtig zu wissen, dass es feinstoffliche Schwangerschaften gibt.

Hochsensible Säuglinge und Kleinkinder

Die besonderen Seelenqualitäten hochsensibler Kinder werden bereits im Säuglingsalter deutlich. Entweder handelt es sich um „auffallend ruhige und zufriedene" Kinder oder aber, und das gilt für die meisten Kinder mit HSC-Syndrom, um regelrechte Schreihälse. Das Schreien signalisiert, dass sich diese Kinder in ihrer neuen Umgebung und mit der niedrigen energetischen Erdschwingung unwohl fühlen. Hinzu kommt, dass sie überaus feine Antennen haben, die Unruhe, Hektik und Lärm im unmittelbaren Umfeld ebenso registrieren wie jede Unsicherheit der jungen Eltern. Aufgrund dessen leiden sie mehr als andere unter dem Mangel an Ruhe, Rhythmus sowie licht- und liebevoller Schwingung, die sie aus der geistigen Welt gewohnt waren. Ruhe und ein fester Tages- und Nachtrhythmus sind also Faktoren, die das Wohlbefinden eines hochsensiblen Kindes ganz entscheidend bestimmen.

Leider fühlen sich viele Mütter mit dem ersten Kind überfordert, weil sie selbst völlig unvorbereitet und ohne den dringend nötigen emotionalen Beistand in diesen neuen Lebensabschnitt eintreten müssen. Hinzu kommt, dass sich beim Kind oft schon in der embryonalen Entwicklungsphase entscheidende neurale Schaltungen nicht physiologisch korrekt entwickeln. Die Ursachen hierfür sind sehr vielschichtig. In alten Kulturen wurden Schwangere umsorgt und behütet und vor körperlichen, geistigen und seelischen Belastungen geschützt, damit sich die verschiedenen Reflexe beim Ungeborenen ungestört heranbilden konnten. Heute verlaufen die meisten Schwangerschaften leider nicht mehr „naturgemäß“, weil viele Schwangere unter extremen Stressoren leiden (Partnerschaftskrisen, Fernsehkonsum, Bewegungsmangel, Ernährungsfehler, Umweltbelastungen, mangelnde Entspannung, unzureichende Geborgenheit und so weiter). Zudem wird in unserer leistungsorientierten Zeit einfach vorausgesetzt, dass Schwangere beruflich und privat voll einsatzfähig sind. Schonende Schwangerschaften würden die frühkindlichen Entwicklungsphasen zwar sichern, wären aber ein „wirtschaftlicher Verlust“.

Hinzu kommt, dass bei Geburten immer häufiger medizinische Hilfsmittel eingesetzt werden müssen (Wehenmittel, Zangen, Saugglocken, Sectio etc.), um Schaden von Mutter und Kind abzuwenden. Diese Maßnahmen sind im Akutfall zwar außerordentlich wichtig, zeigen aber auch, wie weit wir uns bereits von der Natur entfernt haben. Auch im frühesten Kleinkindalter hat das Nervensystem oftmals nicht die Möglichkeit, altersgerechte Reflexschaltungen auszubilden, weil nicht genügend Anreize für sensorisches und motorisches Erleben geschaffen werden. Ein Kind muss täglich die Möglichkeit haben, sich in der Natur frei zu bewegen (Spiele mit Steinen, Erde, Holz, Wasser; laufen, hüpfen, schaukeln, klettern, balancieren und so weiter). Noch immer beachten viele Eltern und Kinderärzte zu wenig, dass ein Bewegungsdefizit die neurale kindliche Entwicklung nachhaltig blockiert. Heutzutage sind schon Kleinkinder in ihren Bewegungsmöglichkeiten extrem eingeschränkt. Bei einem Kind, dem die oben genannten unterschiedlichen Bewegungsmöglichkeiten nicht zur Verfügung stehen, kann sich das Nervensystem nicht ausreichend entwickeln. Nicht selten kommt es dann zu sensomotorischen Störungen, die sich im Kindergartenalter unter anderem in fein- und grobmotorischen Problemen äußeren. Regelmäßiges Laufen fördert die Entwicklung des Nervensystems. Langes Sitzen in Kinderwagen und Autositzen mag vielleicht nützlich und zeitsparend sein, aber es behindert die natürliche Entwicklung des Nervensystems.

Computerspiele und Fernsehfilme sollten Kleinkindern möglichst nicht zugemutet werden, denn ihr Nervensystem hat keine Möglichkeit, diese Belastung ohne Hilfe von außen zu kompensieren. Rasche Bildfolgen, wie sie auf einem Bildschirm wahrgenommen werden, haben aus Sicht des Nervensystems immer mit schnellen Bewegungsabläufen des Körpers zu tun (z.B. Laufen, Rennen). Das heißt: Um rasche Bildfolgen kompensieren zu können, ist das Nervensystem auf rasche und ausreichende Bewegungsmuster des Körpers angewiesen. Wenn Letztere nicht erfolgen, bilden sich Stressmuster im Nervensystem.

Längere Bildschirmtätigkeit ohne sofortigen Bewegungsausgleich bedeutet Stress für unser Nervensystem. Von Natur aus kennt unser Nervensystem rasche Bildfolgen nur in Verbindung mit ausreichend schnellen Bewegungen. Wenn wir schnell laufen, nehmen unsere Augen rasche Bildfolgen auf. Übertragen auf das Fernsehen oder eine Tätigkeit am Computer bedeutet das, dass auf dreißig Minuten vor dem Bildschirm dreißig Minuten rasches Gehen folgen müssen. Nur so entsteht kein Stress für das Nervensystem. Wenn dieser Bewegungsausgleich nicht oder nur in ungenügendem Maße stattfindet, baut sich schädlicher Dauerstress auf. Darüber hinaus kann es auch zu Schädigungen durch Elektrosmog und Bildschirmbelastung kommen. Die unangenehmen Folgen einer chronischen Bildschirmüberreizung werden schon im Kindergarten, spätestens aber in der Schule sichtbar. Die Kleinsten in unserer Gesellschaft spiegeln vieles wider, was uns Erwachsenen nicht bewusst werden will. Häufig brauchen sie bereits therapeutische Hilfe, obwohl sie erst am Beginn ihres Lebensweges stehen. Sind die „Mängel“ hier wirklich in erster Linie beim Kind zu suchen, oder ist einfach mit unserer Welt etwas nicht in Ordnung? Die feine Wahrnehmung hochsensibler Kinder führt dazu, dass ihr Nervensystem schon viel früher überreizt ist als das anderer Kinder. Und sie können mit dieser Überreizung besonders schlecht umgehen.

Viele hochsensible Kinder leiden unter unklaren psychosomatischen Beschwerden (Bauchschmerzen und Neurodermitis), die ebenfalls mit Stress in Zusammenhang gebracht werden können. Kürzlich hörte ich von einem Kind, das als Säugling unter akuter Neurodermitis gelitten hatte. Nachdem sich Mutter und Kind sechs bis acht Wochen lang in einer Spezialklinik aufgehalten hatten, war das Kind völlig gesund und seine Haut war nahezu saniert. Als ich nach der Behandlungsmethode fragte, erzählte die Mutter, das Kind habe überhaupt keine Medikamente und Salben bekommen. Mutter und Kind waren lediglich in einem ruhigen Zimmer untergebracht worden und hatten dort ein völlig stressfreies Leben geführt. Viel Ruhe, frische Luft und autogenes Training für die Mutter hatten zu dieser wunderbaren Genesung geführt. Dieser Fall zeigt sehr deutlich, wie stark unsere Seele unter Stress leiden kann. Im Kindergartenalltag sind hochsensible Kinder oft derart überfordert, dass sie sich selbst zu Außenseitern machen, nur um in Ruhe ihre besonderen Seelenqualitäten ausleben zu können. Vielfach wird dies von Erziehern nicht erkannt und fälschlicherweise als Verhaltensauffälligkeit eingestuft. Hochsensible Kinder werden oft als unnahbare, schüchterne Einzelgänger bezeichnet. Dabei brauchen sie einfach Zeiten des Rückzugs, um gesund zu bleiben. Einfühlsame und spirituell orientierte Erzieher erkennen in diesem Verhalten mehr als ein „auffälliges Symptom“, aber solche Erzieher sind leider selten. Daher ist es vorteilhaft, hochsensible Kinder möglichst spät einzuschulen, damit sie genügend Zeit haben, die innere Stärke zu entwickeln, die nötig ist, um dem Schulalltag mit seinen vielfältigen Belastungen gewachsen zu sein.

Hochsensible Kleinkinder sind meist ausgeglichen und ruhig und erwecken den Eindruck, dass sie „stille Spielphasen“ viel dringender brauchen als andere Kinder. Oft beschäftigen sie sich stundenlang allein mit einem Spiel und entwickeln dabei sehr viel Geschick. Ihre Bedürfnisse, zum Beispiel nach Spielgefährten, melden sie selten an. Dennoch sollten Eltern regelmäßige Spielzeiten mit anderen Kindern in den Tagesablauf des Kindes einplanen. Hochsensible Kinder haben eine rege Phantasie, die sie gedanklich völlig auszufüllen scheint. Aufgrund ihres feinen, sensitiven Wesens nehmen sie alles, was sich um sie herum abspielt, äußerst rasch und exakt auf. Das gilt für äußere Reize ebenso wie für Gedankenenergien. Leider fehlt ihnen in der Regel die Fähigkeit, sich abzugrenzen, um „reizfreier“ und entspannter leben zu können. Wenn Eltern und Erzieher das bedenken, können sie etwaige Stressoren, die im Alltag zwangsläufig auftauchen, besser ausbalancieren. Es ist jedoch keineswegs sinnvoll, jeden Stress von dem Kind fernzuhalten, um sein Seelenheil zu schützen. Mütter, die das versuchen, tun ihrem Kind letztlich keinen Gefallen. Besser ist es, dem Kind die Gewissheit zu geben, dass die schützenden und liebenden Eltern immer da sind und jederzeit eingreifen können, wenn das nötig werden sollte.

Gerade das hochsensible Kind sollte schon im Kleinkindalter möglichst viel selbstständig tun dürfen. Misserfolgen begegnen die Eltern am besten, indem sie das Kind immer wieder ermuntern, es noch einmal zu versuchen. Generell ist es sehr wichtig, dem Kind immer wieder zu sagen und zu zeigen, dass es gestellte Aufgaben bewältigen kann. So wird sein Selbstbewusstsein nachhaltig gestärkt. Und das ist für hochsensible Kinder besonders wichtig.

Die natürliche Entwicklung eines hochsensiblen Kindes

Bedingt durch ihre feine und intensive Wahrnehmung sind hochsensible Kinder schon während der Schwangerschaft wesentlich empfänglicher für Störfaktoren wie Lärm, Unruhe, Stress, Sauerstoffmangel und Strahlenbelastung (Handy, Funkwellen, natürliche Umwelt belastungen, wie etwa Radioaktivität etc.).

In den ersten Lebensmonaten sind die meisten Schreikinder eindeutig als Kinder mit HSC-Syndrom zu identifizieren, während einige wenige als außergewöhnlich ruhig und ausgeglichen auffallen. Säuglinge, die langanhaltend schreien und sich nicht beruhigen lassen, leiden einerseits unter der niedrigen energetischen Schwingung auf der Erde, andererseits aber auch unter Unruhe, Hektik, Lärm und destruktiven Gedankenschwingungen. Weil ihre sensitive Wahrnehmungsfähigkeit so stark ausgeprägt ist, erfassen sie alle energetischen Vorgänge in ihrer Umgebung ganz präzise. Ein hochsensibles Kind ist bereits unmittelbar nach seiner Geburt mit allen Sinnen präsent und kann sehr viel mehr „erfühlen“, als man für möglich halten würde. Viele Mütter, die ein hochsensibles Kind zur Welt gebracht haben, können das bestätigen.

Es gibt also auf der einen Seite die „überwachen“ hochsensiblen Kinder und auf der

anderen die auffallend ruhigen und zufriedenen, die man meist schlafend in ihrem Bettchen antrifft. Hier zeichnet sich bereits ab, dass es einem hochsensiblen Kind in einer ruhigen und liebevollen Umgebung am besten geht. Außerdem braucht ein hochsensibles Kind einen festen Tagesrhythmus (füttern, trockenlegen, ausfahren, spielen, schmusen, erzählen, singen etc.), der sein Vertrauen in den Lebensprozess stärkt. Dieser feste Rhythmus gibt ihm jene Sicherheit, die es für seine Entwicklung und sein Wohlbefinden so dringend benötigt.
Leider sind viele junge Eltern nicht bereit, ihren eigenen Alltag rhythmisch (beispielsweise an Uhrzeiten gebunden) zu gestalten, weil sie das als Einschränkung und Belastung empfinden. Doch wenn von Belastungen die Rede ist, sollten Eltern auch daran denken, dass es für ein hochsensibles Kind sehr belastend ist, nicht in einem Rhythmusgefüge aufwachsen zu können. Menschen sind genau wie Tiere und Pflanzen ein Teil der Natur, die nun einmal an Zyklen gebunden ist (Jahreszeiten, Erntezeiten, Menstruationszyklen, Mondphasen und so weiter). Es ist nur bedingt möglich, nicht im Einklang mit den Lebensrhythmen zu existieren, und wer das versucht, riskiert auf jeden Fall einen energetischen Verlust. Enorme Kräfte müssen aufgebracht werden, um auf Dauer gegen den Strom des Lebens anzuschwimmen.

Neurale Reflexe entwickeln sich beim Kleinkind am besten, wenn es sich möglichst frei und natürlich bewegen kann. Schaukeln, Wippen, Krabbeln, Drehbewegungen und so weiter sind für die physiologische Entwicklung des Nervensystems mindestens ebenso wichtig wie der Kontakt mit Naturmaterial (Holz, Steine, Erde, Wasser etc.) und vor allem das Saugen. Um sich optimal entwickeln zu können, braucht ein Kind aber auch und vor allem viel Liebe, einen festen Rhythmus und einen entspannten Körper. Beim Geburtsvorgang kann es durch Komprimierungen des Schädels zu osteopathischen Dysfunktionen der Schädelknochen kommen, die, sofern sie nicht massiv sind, vom kindlichen Körper bedingt selbst reguliert werden können. Schädelknochen sind durch Knochennähte miteinander verbunden. Sie sind zwar nicht beweglich, wohl aber gegeneinander verschiebbar. Wenn zum Beispiel während des Geburtsvorgangs von außen Druck auf den Schädel ausgeübt wird, können sich diese sehr weichen knöchernen Strukturen in geringem Umfang verschieben. Dies ist ein Mechanismus des Körpers, um das darunterliegende Gehirn zu schützen. Durch Ansaugen des Gaumendaches (beim Saugen am Schnuller oder Daumen) sorgt das Kind selbst für eine rasche Entspannung der darüberliegenden Schädelbasis mit ihren knöchernen und weichen Gewebestrukturen. Niemals wird sich durch

Saugen am Schnuller der Kiefer verformen, auch wenn das fälschlicherweise oft behauptet wird. Kiefer- und Bissanomalien resultieren immer aus osteopathischen Schädeldysfunktionen und sind auch als solche zu behandeln. Schädelknochen, die osteopathische Blockaden aufweisen, können erhebliche Blockaden im gesamten Organismus verursachen.

Stürze sind im Kleinkindalter nicht grundsätzlich zu vermeiden, aber sie sollten immer von einem Osteopathen begutachtet und wenn nötig behandelt werden. Obwohl gegen das Saugen selbst nichts einzuwenden ist, sollte man Säuglingen weder Nuckelflaschen mit gesüßten Getränken noch mit ungesüßten Fruchtsäften anbieten, denn auch die Fruchtsäure greift den Zahnschmelz an. Außerdem reizt Fruchtsaft, wenn er ständig verabreicht wird, den Darm und die Darmflora. Dies kann zu Beeinträchtigungen des Immunsystems führen, weil ein Teil des lymphatischen Systems im Darm sitzt. Oftmals kommen Allergien und Darmpilze hinzu. Daher sind Wasser und Tee als Dauergetränke sehr viel besser geeignet. Wenn zeitweise frischer Fruchtsaft oder Obst verabreicht wird, hat dies keine schädigenden Wirkungen.

Hochsensible Kinder brauchen nicht nur einen festen Tagesablauf, sondern auch besonders viel Liebe, Zärtlichkeit (wie alle Menschenkinder) und Hautkontakt. Manchmal braucht ein Kleinkind auch die „Bettwärme“

der Eltern, um ruhig schlafen zu können. Das sollte man keinem Kind grundsätzlich verwehren. Der Zeitpunkt, von dem an es nicht mehr danach verlangt, kommt von ganz allein. Natürlich sollte jedes Kind sein eigenes Bettchen haben und darin schlafen, aber wenn es dennoch Phasen hat, in denen es gern bei Mama und Papa schlafen möchte, sollte ihm das erlaubt werden. Gerade ein hochsensibles Kind braucht sehr viel Geborgenheit und Liebe, aber es braucht auch klare Grenzen, damit sich seine Persönlichkeit entwickeln kann. Daher sollten sich Eltern keinesfalls scheuen, ein Nein konsequent gelten zu lassen. Indem die Eltern verlässliche Grenzen setzen, lenken sie den Weg des Kindes in die richtigen Bahnen.

Nestwärme und Rhythmus sind für ein hochsensibles Kleinkind von größter Wichtigkeit. Es muss das Gefühl haben, dass seine Bedürfnisse stets ernstgenommen und verlässlich erfüllt werden, doch genau das ist nicht immer gewährleistet. Viele Kleinkinder sind ständig unterwegs: in der Krabbelgruppe, bei den Großeltern, bei der Tagesmutter, im Kindergarten und so weiter. Das kann für hochsensible Kinder eine außergewöhnliche Belastung sein. Ein hochsensibles Kind braucht nicht ständig Reize von außen, im Gegenteil: Es wird dadurch regelrecht überfordert. Auch wenn ein hochsensibles Kind gern mit anderen Kindern spielt, sollte es regelmäßig die Möglichkeit haben, sich allein zu beschäftigen, denn dieses Alleinsein ist für seine Seelenhygiene von größter Wichtigkeit. Das Bedürfnis nach Rückzug ist ein typisches Merkmal hochsensibler Kinder und sollte respektiert werden, selbst wenn sich noch so viele Erwachsene darüber wundern.

Die meisten hochsensiblen Kleinkinder fühlen sich in einem harmonischen und geordneten Umfeld wohl und empfinden jeden Verstoß gegen Harmonie, Taktgefühl und Sauberkeit als störend. Unser Körper ist der Tempel der Seele, und hochsensible Kinder legen besonderen Wert darauf, dass er entsprechend behandelt wird. Es kann ihr Wohlbefinden empfindlich stören, wenn sie mit schmutzigen Händen und fleckiger Kleidung herumlaufen müssen. Andererseits brauchen gerade diese Kinder sehr viel Bewegung und frische Luft und sollten daher möglichst jeden Tag Gelegenheit bekommen, in freier Natur zu spielen. Ein Park in der Stadt bietet einem Kleinkind einen durchaus vollwertigen Ersatz für „freie" Natur. Dort bekommt es viele Sinneseindrücke und Bewegungsimpulse, die es für seine Entwicklung und sein Wohlergehen dringend braucht.

Für hochsensible Kinder sind die Impulse, die sie aus der Natur bekommen, noch eindrucksvoller und intensiver als für andere Kinder. Bis zum dritten, manchmal auch bis zum fünften Lebensjahr haben sie einen besonderen Zugang zu feinstofflichen Energien und kommen in sehr intensiven Kontakt mit der Natur. Die Beschäftigung mit der Natur scheint geradezu Seelenbalsam für hochsensible Kinder zu sein. Wenn man Kinder und besonders hochsensible Kinder dabei beobachtet, wie sie mit Naturmaterial wie Stöcken, Tannenzapfen und Steinen spielen, dann scheint es, als seien sie so sehr mit diesen Dingen verbunden, dass ihr Spiel ein Abtauchen in andere Sinnesbereiche einschließt. Dieses Abtauchen erfordert viel Verständnis von Seiten der Eltern, ist aber ein Verhalten, das auch hochsensible Erwachsene in regelmäßigen Abständen praktizieren, um seelisch gesund zu bleiben. Indem es sich beispielsweise mit Steinen und Pflanzen beschäftigt, nimmt ein hochsensibles Kind Kontakt mit dem entsprechenden Teil der Natur auf. Es konnte bisher noch nicht sicher nachgewiesen werden, ob und in welcher Form Pflanzen auch Kontakt mit hochsensiblen Kindern aufnehmen. Ich halte dies jedoch für denkbar.

Hochsensible Kinder in der Schule

In der Schule bin ich wie ein Goldfisch im Aquarium. Ich habe Wasser, Futter, Pflanzen und ein bisschen Platz zum Schwimmen. Aber ich bin im Gefängnis.

Felix, 8 Jahre

Hochsensible Kinder müssen besonders behutsam in den Schulalltag eingeführt werden, denn die vielfältigen Sinneseindrücke und die Auseinandersetzung mit Leistungs- und Bewertungsmaßstäben bedeuten eine außergewöhnliche Belastung für sie. Ein hochsensibles Kind erfährt nun oft zum ersten Mal im Leben, dass seiner sensitiven Seelenstruktur wenig Beachtung geschenkt wird. Nicht selten muss es feststellen, dass alle anderen Kinder mit dem leistungsorientierten Schulsystem mühelos zurechtkommen, während es selbst trotz fleißigen Übens und starker Motivation weniger gute Ergebnisse erzielt, und das ist eine äußerst schmerzhafte Erfahrung. Verschlimmert wird die Situation noch zusätzlich, wenn die seelische Besonderheit eines solchen Kindes von Mitschülern erkannt wird und es deswegen zu Hänseleien und Ausgrenzungen in der Schule kommt. Erschwerend kommt hinzu, dass hochsensible Kinder die Gedankenmuster ihrer Lehrer und Mitschüler aufnehmen und oft große Mühe haben, diese Wahrnehmungen zu verarbeiten.

Aus diesen Gründen ist es wichtig, dass hochsensible Kinder möglichst spät eingeschult werden. Je reifer die Persönlichkeit eines hochsensiblen Kindes ist, oder anders ausgedrückt, je größer seine mentale Reife ist, desto besser kann es mit den genannten Belastungen umgehen. Ich kenne viele Kinder, die nur deshalb massiven emotionalen Stress in der Schule hatten, weil sie zu früh eingeschult wurden. Je älter und reifer ein hochsensibles Kind zum Zeitpunkt der Einschulung ist, desto leichter fällt ihm der Einstieg in den Schulalltag. Die späte Einschulung hat übrigens nichts mit einem eventuellen Mangel an Intelligenz und Geschicklichkeit zu tun, ihr Ziel ist einzig und allein die Heranbildung einer stabilen und ausgereiften Persönlichkeit, die als Einschulungskriterium sehr wichtig ist. Die damit einhergehende innere Stärke ist die wichtigste Voraussetzung und zugleich das größte Geschenk für ein hochsensibles Schulkind.

Abgesehen davon wäre es natürlich wünschenswert, wenn bei den üblichen Einschulungstests verstärkt auf hochsensible Kinder geachtet würde. Doch vielleicht scheint das zu viel verlangt in unserer Leistungs- und Wettbewerbsgesellschaft, in der alles immer möglichst schnell und reibungslos funktionieren muss.

Besondere Schulprobleme

Wie bereits gesagt sind hochsensible Kinder sehr schüchtern und zurückhaltend. Im Unterricht träumen sie oft und schweifen gedanklich ab. Doch was bedeutet „träumen“? Kann man den Vorgang des Träumens beweisen, kann man den Inhalt der abschweifenden Gedanken rekonstruieren? Oder ist „Träumen“ einfach die Beschäftigung mit Gedanken, die nicht zum aktuellen Geschehen passen? Inwieweit kann ein Außenstehender das überhaupt beurteilen? Die Gedanken des „Träumers“ könnten für ihn oder sie zum gegebenen Zeitpunkt von größter Wichtigkeit sein. Momentane Gedankengänge, die als „Träume“ bezeichnet oder sogar abqualifiziert werden, sind unter Umständen dringend nötig, um zu Einsichten und Ansichten zu gelangen, die deutlich Vorrang vor dem aktuell anstehenden Unterrichtsstoff haben. Denkbar wäre auch, dass der „Trauminhalt“ zum aktuellen Unterrichtsstoff gehört. Doch das ist schwer zu ermitteln. Deshalb werden „Träumer“ im Unterricht oft nicht nur abgewertet, sondern leider auch noch verspottet, was längerfristig sehr demotivierend für die betreffenden Kinder ist.

Es ist erwiesen, dass auch Erwachsene von Zeit zu Zeit „träumen“ oder gedanklich abschweifen, ja sogar, dass dies für unsere seelische Gesundheit notwendig ist, wenngleich es üblicherweise nur in sehr begrenztem Rahmen ermöglicht und toleriert wird. Für hochsensible Kinder ist das „Träumen" noch wichtiger. Aufgrund ihrer feinen Seelenstruktur brauchen sie ganz dringend regelmäßige Pausen zum Abschalten.

Hochsensible Kinder haben oft auch große Probleme mit Unruhe und Gewalt in der Schule. Manche fühlen sich von dem, was um sie herum vor sich geht, so bedrängt und überwältigt, dass sie selbst gewalttätig werden. Doch das sind Einzelfälle. In der Regel reagieren hochsensible Kinder nicht aggressiv oder gewalttätig. Wenn dies trotzdem einmal der Fall sein sollte, geschieht es meist ohne für Außenstehende erkennbaren Anlass.

Für ein solches Kind ist dann einfach die Grenze dessen, was es ertragen kann, erreicht und es sieht in der Gewalt die einzige Möglichkeit, die aufgestaute Wut zu entladen. Auch viele der so genannten hyperaktiven Kinder sind nur deshalb überaktiv, weil sie die innere und äußere Unruhe ihrer Mitmenschen und ihres Umfelds widerspiegeln. Ein hochsensibles Kind analysiert Spannungen und Konflikte aus seiner Umgebung im Unterbewusstsein und verknüpft sie mit dem eigenen Seelenerleben. Häufig spiegelt es bestimmte Eigenschaften wider, um sie verarbeiten zu können.

Manche dieser Kinder leiden extrem unter Stress und Leistungsdruck. Das Tempo in der Klasse ist ihnen oft zu schnell und vielfach interessieren sie sich auch nicht sonderlich für den „lebensfernen“ Unterrichtsstoff. Sie sehen einfach keine Notwendigkeit, „unwichtige“ Themen in ihr Bewusstsein einzulassen. Außergewöhnlich gute Noten haben sie oft in den Fächern Religion, Sozialverhalten, Kunst, Musik, Biologie, Werken, denn hier werden Inhalte vermittelt, die ihnen „wichtig“ erscheinen.

Wer sich in Schulen auf die Suche nach hochsensiblen Kindern macht, wird sie in vielen Fällen auf den ersten Blick erkennen. Sie sind nicht unter den Raufbolden zu finden und meist sind sie eher zurückhaltend und kontaktscheu. Trotz ihrer sehr sozialen Umgangsformen sind sie ausgesprochene Einzelgänger. Ihre besonderen Eigenschaften finden im Grundschulalter kaum Beachtung. Oft kommt es sogar vor, dass sie von Mitschülern regelrecht ausgenutzt werden, weil sie sich selten zur Wehr setzen und sich oft auch scheuen, ihre „Grenzen“ abzustecken. Die weiche Seele eines hochsensiblen Kindes nimmt lieber eigene Nachteile in Kauf, als sich massiv gegen Angriffe zu wehren.

Hochsensible Kinder finden oft nur sehr schwer Freunde. Wenn sie dennoch Freundschaften schließen, sind diese meist sehr intensiv und stabil. Allerdings kommt es auch nicht selten vor, dass ein hochsensibles Kind eine Freundschaft selbst beendet, wenn es merkt, dass ein bisheriger Freund nicht ehrlich oder zuverlässig war. Aufgrund ihrer sensitiven Fähigkeiten erspüren diese Kinder die Seele ihres Gegenübers in all ihren feinen Nuancen und analysieren etwaige Missklänge sehr schnell und treffend. Inwieweit ihre kritische Wertung in puncto Freundschaften angebracht ist, ist schwer zu beurteilen. Tatsache ist jedoch, dass dieses Verhalten auch bei hochsensiblen Erwachsenen zu beobachten ist und von vielen Menschen mit Arroganz und Unnahbarkeit verwechselt wird.

Probleme tauchen auf, wenn hochsensible Kinder mit Menschen zusammenkommen, die ihre eigene Spiritualität nicht annehmen und demnach auch den seelischen Besonderheiten dieser Kinder keine Beachtung schenken können. Solche Menschen legen einem hochsensiblen Kind oft unbeabsichtigt erhebliche Steine in den Weg. Hochsensible Kinder nehmen ihre Umgebung sinnlicher und spiritueller wahr als andere. Viele Eltern berichten, dass ihr Kind sie auf viele interessante und schöne Dinge aufmerksam gemacht hat, die sie selbst überhaupt nicht wahrgenommen hätten. Dennoch werden hochsensible Kinder oft als wahrnehmungsgestört eingestuft. Hier liegt jedoch keine Störung der Wahrnehmung vor, sondern vielmehr eine andere Form des Aufnehmens von Eindrücken. Wenn sich aufgrund der intensiven Aufnahmefähigkeit eines hochsensiblen Kindes Schulprobleme einstellen, muss man sich allerdings fragen, wer jetzt eigentlich korrekt wahrnimmt und wer unter Wahrnehmungsstörungen leidet: die Therapeuten und Pädagogen, die einen „leistungsorientierten Wahrnehmungsstandard" aufstellen, oder die hochsensiblen Kinder, die ihre Welt mit natürlich wachen Sinnen wahrnehmen?

Viele hochsensible Kinder haben Probleme mit dem Leistungsdruck, der zu Beginn der Schulzeit einsetzt. Plötzlich sollen sie sich für Dinge begeistern, die aus ihrer Sicht lebensfremd ist. Das alles findet oft auch noch in einer eher unterkühlten und lieblosen Atmosphäre statt, wo sich gerade diese Kinder überhaupt nicht wohlfühlen. Sie brauchen sowohl Wärme und Geborgenheit als auch geordnete Raumverhältnisse und wohnliche Harmonie. Mit ein wenig Eigeninitiative und Hilfsmitteln wie Kerzen, Grünpflanzen und Blumen kann man den Energiefluss eines Klassenraumes deutlich verbessern und so zum allgemeinen Wohlbefinden seiner kleinen und großen Bewohner beitragen.

Ganz allgemein gedeihen hochsensible Kinder gut in ruhigen, ausgeglichenen Gefilden. Am besten ist es, wenn ihr Alltag möglichst rhythmisch und ruhevoll verläuft, denn jede Unregelmäßigkeit bringt ein solches Kind aus dem Gleichgewicht, das für sein Wohlbefinden so wichtig ist. Hochsensible Kinder brauchen immer wieder Rückzugsmöglichkeiten und Freiraum. Freies Spielen und Bewegen hilft bei der Regulierung eines überreizten Nervensystems, aber ebenso wichtig sind die Zeit und der Raum zum Abschalten und zur Entspannung. Steht all das nicht in ausreichendem Umfang zur Verfügung, leidet das hochsensible Kind. Der „Freizeitstress", dem viele Kinder ausgesetzt sind, führt besonders bei hochsensiblen Kindern zu starken seelischen Spannungen. Eltern tun also gut daran, ihren Kindern nicht zu viel davon angedeihen zu lassen.

Aus den Beurteilungen hochsensibler Kinder ist vielfach abzulesen, dass Lehrkräfte deren spezifische Eigenschaften zwar wahrnehmen, sie aber nicht richtig einordnen können. Vielen hochsensiblen Kindern wird der Weg in eine weiterführende Schule dadurch erschwert, dass der Lehrer eine unklare Beurteilung abliefert. Häufig wird darin zum Beispiel vermerkt, dass sich dieses Kind nicht für das Gymnasium eignet, weil es zu schüchtern oder zu langsam ist. Dann ist allerdings meist schon während der gesamten Grundschulzeit grob fahrlässig versäumt worden, diesen Kindern hilfreiche Alternativen anzubieten.

Die Auffälligkeiten hochsensibler Kinder im Überblick

- sehr zurückhaltend und schüchtern
- verträumt, auch im Unterricht
- Probleme mit Schnelligkeit, Leistungsdruck, Wettbewerb
- sehr kreativ
- sehr sensibel
- meist mangelndes Selbstbewusstsein
- sehr gutes soziales Verhalten
- viel Mitgefühl und große Hilfsbereitschaft
- mangelndes Interesse an gewissen Unterrichtsthemen
- großes Interesse an lebensnahem Unterricht in Fächern wie Religion, Biologie, Sachkunde usw.
- Probleme mit Lärm und Gewalt
- Probleme mit Unruhe in der Klasse
- ausgeprägtes Gerechtigkeitsgefühl
- Probleme mit mangelnder Zuwendung
- Angst vor Liebesentzug
- manchmal außersinnliche Wahrnehmungen

Die ideale Schule für hochsensible Kinder

Viele Eltern hochsensibler Kinder sind mit dem derzeitigen Schulsystem nicht zufrieden. Allerdings ist eine Massenflucht aus dem staatlichen Schulsystem auch keine wirkliche Alternative, denn gerade hier werden längerfristige Lösungen dringend gebraucht. Wenn sich Eltern und Lehrer nach dem Motto „Wir sind die Schule" zusammenschließen würden, könnten sie sicherlich eine entscheidende Wende im Schulsystem herbeiführen. Ein ähnlicher Satz hat vor beinahe zwei Jahrzehnten immerhin dazu geführt, dass die scheinbar unüberwindliche innerdeutsche Grenze geöffnet wurde.

In einer optimalen Schule für hochsensible Kinder gäbe es neben den üblichen Schulfächern viel Raum für Ethik, gesunde Lebensführung, Kommunikation, Meditation, Arbeit in der Land- und Forstwirtschaft und so weiter. Es gäbe aber sicherlich auch einen lebendigeren Rechen- und Deutschunterricht, und es würde ganz allgemein darauf geachtet, den Lehrstoff möglichst „lebensnah" zu vermitteln.

Bei all dem sollte aber auch bedacht werden, dass hochsensible Kinder lernen müssen, selbstständig im Alltag zurechtzukommen, und das wird ihnen nicht gelingen, wenn sie einseitig gefördert werden. Man tut ihnen keinen Gefallen, wenn man ständig nur ihre sensitiven Anlagen betont und damit eine gewisse

Entfremdung in Gang setzt. Es ist mindestens ebenso wichtig, sie zu starken selbstständigen Persönlichkeiten heranzubilden, die sich in einer Leistungsgesellschaft behaupten können. Durchsetzungsvermögen, Verantwortungsgefühl und Sensibilität sind keine Gegensätze, sondern Eigenschaften, die sich hervorragend ergänzen können. Sie entsprechend zu fördern ist die Aufgabe des Elternhauses, aber auch der Schule.

Hochsensible Kinder benötigen also andere Lernkonzepte und zeitgemäße Unterrichtsfächer, vor allem aber viel liebevolle Führung, die noch genügend Freiraum für die persönliche Entwicklung lässt. Doch gerade an dieser Art von Führung mangelt es im privaten und schulischen Umfeld vieler Kinder. In vielen Fällen klappt es zwar mit der Führung, aber es fehlt an Liebe oder Rückhalt. Im Idealfall wird sich ein Kind, das liebevolle Führung erfährt und zudem noch freie Entfaltungsmöglichkeiten hat, sehr gut entwickeln. Wenn diese liebevolle Führung auch im Schulalltag gewährleistet ist, wird es kaum Probleme geben. Je selbstbewusster und liebevoller eine Lehrkraft unterrichtet, desto mehr profitiert ein hochsensibles Kind vom Unterricht. Es genügt keinesfalls, ein solches Kind wohlbehütet in eine Schulbank zu setzen, wo es in Ruhe seinen Träumen nachhängen kann. Es sollte Beachtung, Aufmerksamkeit und Wertschätzung bekommen, aber es muss auch gefordert werden und klare

Richtlinien erhalten. Ein hochsensibles Kind sollte in der Klassengemeinschaft nicht den Platz eines „Sonderlings“ einnehmen.

Viele Lehrer fühlen sich nicht in der Lage, den ihnen anvertrauten Kindern auch noch Zuwendung zu schenken. Ich wähle bewusst den Begriff „schenken“ und gehe so weit zu sagen, dass zum Umgang mit Menschen immer auch Mitgefühl und Liebe gehören. Wer einen sozialen Beruf ausübt und es nicht schafft, Liebe zu „verschenken“, hat eindeutig den falschen Beruf gewählt. Und das gilt vor allem im Umgang mit Kindern.

Was hochsensible Kinder dringend brauchen

Fester Halt im Leben und Achtsamkeit in der Erziehung

Vor fünfzig bis sechzig Jahren, in den Jahren nach dem Krieg, waren die meisten Eltern in erster Linie mit dem Aufbau und der Sicherung dessen beschäftigt, was sie zum alltäglichen (Über-)Leben brauchten. Nach vielen Jahren der Entbehrung herrschte verständlicherweise die Ansicht vor, man müsse zunächst einmal die materielle Existenz der Familie sichern beziehungsweise stabilisieren. Die damaligen Eltern (die Großeltern der heutigen Kinder) hatten in ihrer eigenen Kindheit nicht selten intensive Bekanntschaft mit Hunger und Entbehrungen gemacht und waren stark von diesen Erlebnissen geprägt. Kein Wunder also, dass sie bestrebt waren, ihren Kindern einen besseren Lebensstandard zu bieten. Und ebenfalls nicht verwunderlich, dass diese Einstellung Auswirkungen auf die Erziehung dieser Kinder hatte. Den seelisch-emotionalen Bedürfnissen eines Kindes wurde bewusst oder unbewusst sehr viel weniger Aufmerksamkeit geschenkt als den materiellen. Der Aufbau einer „soliden" (sprich materiell abgesicherten) Existenz war das wichtigste Ziel jeder Erziehung, denn schließlich sollten es die Kinder „einmal besser haben". Das hatte zur Folgen, dass in den meisten Familien ein stark autoritärer Erziehungsstil gepflegt wurde.

Diese Situation hat sich mittlerweile völlig verändert. Es gibt kaum noch junge Eltern, die materiell nicht ausreichend abgesichert sind. Und wenn sie Kinder bekommen, dann sind dies in der Regel bewusst geplante Wunschkinder, die sie auch ganz bewusst zu erziehen gedenken. Wenn heutige Eltern möchten, dass es ihre Kinder „besser haben sollen", denken sie weniger an materielle Sicherheit, sondern eher daran, dass sie ihren Kindern eine möglichst fundierte und kindgerechte Erziehung angedeihen lassen wollen. Keine Frage, dass die unangenehmen autoritären Elemente, die ihnen aus der eigenen Kindheit noch wohlbekannt sind, in diesem Konzept keinen Platz haben.

Doch leider gibt es, wie wir mittlerweile alle wissen, keine ideale Erziehungsmethode – und daher bringt auch diese Strategie ihre Schwierigkeiten mit sich. Kinder (und hochsensible Kinder ganz besonders) brauchen ein sicheres, liebevolles Sozialgefüge und festen emotionalen Halt. Viele Eltern haben mit dem „Nein" in der Erziehung ein großes Problem und ein noch größeres mit der Durchsetzung daraus resultierender Konsequenzen. Manche sind derart verunsichert, dass sie sich regelrecht dagegen sträuben, „autoritär" aufzutreten und ihren Kindern Grenzen aufzuzeigen.

Wenn einem Kind jedoch keine Grenzen gesetzt werden, fühlt es sich zwangsläufig als Person missachtet und in seiner Seelenstruktur entwertet. Hochsensible Kinder empfinden dies als besonders schmerzlich.

Außenstehende, die beobachten, wie Eltern und Kinder miteinander kommunizieren, erkennen meist sehr schnell, was da falschläuft. Manche Eltern geben ihren Kindern Anweisungen, ohne auch nur das geringste Interesse an deren Durchführung zu zeigen. Viele Aufforderungen werden mit einer Gleichgültigkeit vorgebracht, die auf Seiten des Kindes nur eines bewirken kann: entsprechende Gleichgültigkeit. Diese Gleichgültigkeit ist genau das Gegenteil dessen, was im Buddhismus als „Achtsamkeit" bezeichnet wird. Achtsamkeit in der Erziehung ist eine Mischung aus sehr viel Bewusstheit, Kraft, Disziplin und Liebe. Eine achtsam formulierte elterliche Anweisung wie „ich erwarte jetzt" oder „das akzeptiere ich auf keinen Fall" signalisiert dem Kind, dass seine Eltern über ein gesundes Selbstbewusstsein verfügen.

Und genau daran fehlt es vielen Eltern, vor allem den Müttern, auf deren Schultern nach wie vor die Hauptlast der Erziehung liegt. Hausarbeit und Kindererziehung gehören bekanntlich nicht zu den Aufgaben, deren Bewältigung das Selbstbewusstsein „automatisch" verstärkt. Kindererziehung ist zwar eine gesellschaftlich wichtige Tätigkeit, aber leider keine, die sich finanziell auszahlt. Als Allround-Arbeitskraft, die 18 Stunden am Tage im Einsatz ist, und das ohne Lohnausgleich, Pausenregelung, Anerkennung und Wertschätzung, verliert eine Mutter mit der Zeit zwangsläufig an Selbstbewusstsein, ganz zu schweigen von ihrer Energie und Lebensfreude, die immer mehr schwindet und einem Gefühl der Resignation Platz macht.

Schon in der Bibel steht: „Liebe deinen Nächsten wie dich selbst." Für eine Mutter bedeutet das zunächst und vor allem, dass sie sich selbst mit Energie versorgen muss, bevor sie ihre Familie damit versorgen kann. Doch wie macht man das, sich selbst mit Energie zu versorgen? Weil die meisten Frauen im Laufe ihrer Erziehung keine Antwort auf diese Frage bekommen haben, müssen sie selbst herausfinden, was ihre eigene Energie aufbaut und zum Erblühen bringt: Sport, Hobbys, Geselligkeit, Berufstätigkeit oder was auch immer. Wichtig ist nur, dass es etwas ist, was die betreffende Mutter leidenschaftlich gern tut, denn sonst bringt die vermeintliche Energiequelle nur neuen Stress hervor.

Wenn wir also erwarten, dass der emotionale Halt für hochsensible Kinder von ihren Müttern kommen soll, müssen wir auch die Voraussetzungen dafür schaffen, dass diese Mütter Selbstbewusstsein und Eigenliebe entwickeln können. Jede Mutter mit einem gesunden Selbstbewusstsein kann ihrem Kind kostbare Seelenstärke vorleben und vermitteln. Auch das hat mit persönlicher Aufmerksamkeit und Achtsamkeit zu tun. Achtsamkeit heißt in diesem Fall, dass eine Mutter in der Lage ist, ihre eigenen Bedürfnisse und Wünsche wahrzunehmen und zu befriedigen. Das ist sie sich ganz einfach schuldig.

Halt bedeutet für ein Kind, sich immer auf seine Eltern verlassen zu können. Dies erfordert, wie schon gesagt, dass die Eltern in sich gefestigt und selbstbewusst sind. Nur wer „fest im Sattel sitzt", kann einem Kind den nötigen verlässlichen Halt bieten. Mehr noch als andere Kinder brauchen hochsensible Kinder feste, liebevolle und verlässliche Führung, aber auch genügend Raum für freie Entscheidungen und ungezwungene Entfaltungsmöglichkeiten. Dies stellt Eltern vor eine schwierige Aufgabe, von der sich manche sogar völlig überfordert fühlen. Auf der einen Seite sollen sie ihrem Kind viel Liebe geben, auf der anderen müssen sie ihm den nötigen festen Halt vermitteln. Wenn ich ihnen die oben geschilderten Zusammenhänge erkläre und entsprechende Lösungsmöglichkeiten mit auf den Weg gebe, sind die meisten Eltern zunächst überrascht. Vielen gelingt es dann allerdings sehr schnell, ihr bestehendes Erziehungsmuster zu verändern. Ihre veränderte Sichtweise wirkt sich in der

Regel sehr positiv auf das Wohlbefinden und Verhalten ihres Kindes aus, was wiederum zur Folge hat, dass sie es besser unterstützen und begleiten können. Achtsamkeit im Umgang mit hochsensiblen Kindern (und Erwachsenen) zu entwickeln, bedeutet immer auch, die eigene Achtsamkeit zu fördern und wie eine kleine Pflanze zu hegen und zu pflegen.

Die Liebe hört niemals auf

Wie eine Mutter mit ihrem Leben ihr einziges Kind bewacht und schützt,
so mögen wir in allen Wesen die unbegrenzte Liebe erwecken.

Buddha

Alle Wesen, die auf dieser Erde leben, brauchen Liebe. Wenn nicht genug Liebe vorhanden zu sein scheint, wird danach verlangt und gesucht, und zwar im Außen, im Umfeld, bei anderen Menschen und so weiter. Wenn Liebe außerhalb des eigenen Selbst gesucht wird, kann diese Suche zu einer unstillbaren Sehnsucht werden. Liebe muss aber gar nicht im Außen gesucht werden, weil sie in jedem von uns bereits reichlich vorhanden ist. Wir haben lediglich verlernt, die Quelle der Liebe in unserem Innern anzuzapfen. Wenn es uns jedoch gelingt, sie zu erschließen, werden wir zu äußerst wertvoller Erkenntnis gelangen, denn diese Quelle versiegt niemals.

Hochsensible Kinder brauchen unendlich viel Liebe von ihren Eltern, aber auch von Verwandten und Lehrern. Sie scheinen dieses emotionale Lebenselixier wie lichtvolle Nahrung gerade energetisch aufzusaugen. Obwohl fast alle hochsensiblen Kinder sehr viel Liebe und Zuwendung bekommen, berichten viele Mütter von dem starken Verlangen ihrer Kinder nach Liebe und von ihrem eigenen Gefühl, dass das Kind eigentlich noch mehr Liebe braucht. Dies wird im Verlauf der Behandlung häufig bestätigt.

Manchmal genügt die Ankunft eines Geschwisterkindes oder die kurze Abwesenheit der Mutter – und schon leidet das hochsensible Kind unter einem Liebesdefizit. Wie einen „dunklen Nebel" empfindet das Kind diesen Mangel an Zuwendung. Es kommt sich vor, als säße es durstig mitten in der Wüste und könne Wasser (Liebe) nur in feinen Tröpfchen und zu unbestimmten Zeiten genießen. Natürlich sehen wir das als Erwachsene ganz anders, aber aus der Perspektive eines hochsensiblen Kindes stellt sich die Angelegenheit sehr dramatisch dar. Und das sollte man sich immer wieder klarmachen: Es handelt sich bei diesem erlebten Mangel an Liebe um ein subjektives Empfinden des Kindes, das aber unbedingt ernstzunehmen ist. Es bekommt zwar viel Liebe, hat aber dennoch immer das Gefühl, nicht genug zu bekommen.

Oft sind es Kleinigkeiten, die ein hochsensibles Kind in ein empfundenes Liebesdefizit stürzen, aber auch Partner- und Ehekrisen der Eltern oder veränderte Lebensumstände (kranke Großeltern, Krankenhausaufenthalt der Mutter, Eintritt in den Kindergarten, Einschulung und so weiter) können ein solches Gefühl der Entbehrung auslösen. Es geht nun keinesfalls darum, hochsensible Kinder „in Watte zu packen" und von früh bis spät nur zu liebkosen, aber allein die Bewusstmachung dieses emotionalen Faktors genügt in vielen Fällen, um die entscheidende Wende im Umgang mit dem betreffenden Kind herbeizuführen.

Interessanterweise kommen viele hochsensible Kinder in den Genuss einer absolut liebevollen Erziehung, in der pädagogische Maßnahmen allenfalls eine kleine Nebenrolle spielen. Doch auch das ist nicht unproblematisch. Dieser Erziehungsstil wird nicht selten von Alleinerziehenden angewandt, die ihr Kind mit liebevoller Fürsorge überschütten, weil sie es ihm besonders nett und behaglich machen wollen. In einigen Fällen resultiert dieses Verhalten aus einem gewissen Schuldgefühl, was eventuell zur Folge hat, dass nötige erzieherische Grenzen nicht in ausreichendem Umfang gesetzt werden. Ein Mittelmaß zu finden stellt für viele Eltern eine große Herausforderung dar. Einerseits soll das Kind liebevoll aufwachsen, andererseits bekommen es die Eltern mit der Angst zu tun, wenn es um die Durchsetzung von Disziplin und Autorität geht. Besonders Eltern, die selbst hochsensible Kinder waren, haben große Hemmungen, Autorität an den Tag zu legen. Sie halten es für besonders wichtig, liebevoll und tolerant zu leben und zu erziehen, und kommen in einen emotionalen Konflikt, wenn sie der großen Liebe zu ihrem Kind autoritäre Grenzen setzen müssen. Nicht selten haben hochsensible Eltern deswegen ein schlechtes Gewissen. Solchen Eltern muss vermittelt werden, dass sie von ihrem geliebten Kind nicht für lieblos gehalten werden, wenn sie autoritäre Grenzen setzen.

Nach einem Gespräch, in dem diese Punkte angesprochen wurden, wagen viele Eltern den ersten Schritt nach vorn, zum Beispiel, indem sie sich ihr Kind vornehmen, um bestimmte Grenzen abzustecken und auch mal ein „Nein" auszusprechen. Oft machen sie anschließend die Erfahrung, dass diese Aktion weniger traumatisch war, als sie befürchtet hatten. Ein Kind, das von seinen Eltern Liebe erfährt, kommt auch mit Disziplin und Grenzen in der Erziehung sehr gut zurecht. Hochsensible Kinder sind sogar auf diese Grenzen angewiesen. Sie müssen sie erkennen, um persönlich wachsen zu können. Disziplin und Autorität, gepaart mit Liebe, wirken sich in der Erziehung hochsensibler Kinder ausgesprochen positiv aus. Denn diese Kinder kommen aufgrund ihrer Sensitivität immer wieder an einen Punkt, wo sie von Reizen geradezu überschwemmt werden und dringend Liebe und festen Halt brauchen. In einer bunten Welt der Eindrücke „fliegen“ sie mental von einem Sinnesreiz und einer Wahrnehmung zur nächsten wie ein Schmetterling, der von einer bunten Blume zur anderen taumelt und sein Ziel schließlich völlig aus den Augen verliert.

Hochsensible Kinder haben ein sehr deutliches Gespür dafür, wo Liebe, Zuwendung und Aufmerksamkeit im Spiel ist und wo nicht. Und obwohl es nicht immer möglich ist, ein Zelt der Liebe über ihnen aufzuspannen, sollte man doch dafür sorgen, dass eine gewisse „Liebesatmosphäre“ möglichst stabil bleibt. Natürlich setzt das voraus, dass auch die Erwachsenen stets daran arbeiten, ihre Liebesatmosphäre stabil zu halten. Schließlich ist die Liebe ein natürliches Lebenselixier, das uns Zufriedenheit und Wohlbefinden schenkt. Leider scheinen manche Erwachsenen dieses lebensnotwendige Elixier ins „Land des Vergessens“ verbannt zu haben, vielleicht weil sie zu viele Enttäuschungen und Kränkungen erlebt haben, um noch an seine Wirkung glauben zu können. Kein Wunder also, dass sie Tag für Tag unter den Konsequenzen dieses Vergessens leiden. Könnte es dann die Aufgabe eines hochsensiblen Kindes sein, in aller Deutlichkeit darauf hinzuweisen, dass dieses Elixier wahrhaftig lebensnotwendig ist und dass es sich lohnt, es wieder zum Fließen zu bringen?

Indem wir bereit sind, die Liebes- und Lebensenergie in unseren Herzen endlich wieder frei fließen zu lassen, bereichern wir uns selbst, unsere Kinder, unsere Partner und unsere Mitmenschen. Sie alle werden durch unser Wirken motiviert, das Gleiche zu tun. Auf diese Weise kann sich die Liebe sehr schnell in der ganzen Welt ausbreiten und Frieden und Glück für alle bringen. Eine Utopie? Es scheint, dass uns die Kleinsten in unserer Gesellschaft darauf aufmerksam machen, welche Defizite bei uns Erwachsenen ausgeglichen werden müssen, damit die Welt ein ganzes Stück liebevoller, friedvoller und glücklicher werden kann.

Das spirituelle Angebot

Kind Gottes, du bist erschaffen worden, um das Gute, das Schöne und das Heilige zu erschaffen. Vergiss das nicht.

Marianne Williamson

Zu allen Zeiten und in sämtlichen Kulturen gab es einen bestimmten spirituellen Rahmen, in den auch die Kinder eingebunden waren. Dieser Rahmen hat sich verändert, zumindest in unserer Gesellschaft. Wir haben erkannt, dass es weder wünschenswert noch erforderlich ist, Kinder zu Glauben und Spiritualität zu zwingen. Wir sollten aber auch gemerkt haben, dass es wichtig ist, sie an bestimmte spirituelle Themen heranzuführen, ihnen ein spirituelles Angebot zu machen. Dieses Angebot können die Kinder dann nach eigenem Ermessen annehmen oder ablehnen. Spiritualität und Glaube hat nicht nur etwas mit Gebeten, Gottesdienst und Kirche zu tun. Auch Themen wie Ethik, Nächstenliebe, Achtung vor dem Leben, Achtung vor Tieren und vor der Natur und so weiter gehören dazu. Spiritualität bedeutet darüber hinaus auch: Vertrauen in eine höhere Instanz. Diese höhere Instanz sollte Kindern keinesfalls als drohender allwissender Gott vorgestellt werden, der alles weiß und alles sühnt, sondern vielmehr als eine universelle Kraft, die dem Kind helfend, leitend, verzeihend und vor allem liebend und schützend zur Seite steht.

Es ist Aufgabe der Eltern, ihren Kindern Vertrauen in ein spirituelles System zu vermitteln. Das funktioniert jedoch nur dann, wenn dieses Vertrauen auch auf Seiten der Eltern echt ist. Selbst wenn das Kind eine tiefer gehende Beschäftigung mit Spiritualität und Glaubensfragen ablehnt, entwickelt es ein Gefühl dafür, was geschieht, wenn sich die Eltern, beispielsweise in der Meditation, mit einer höheren Instanz verbinden. So bekommen viele sensitive Kinder über ihre Eltern einen unmittelbaren Zugang zu dem Gefühl, stets „in Gottes Hand zu sein“ oder von einer überirdischen Wesenheit beschützt zu werden. Das ist für alle Kinder wichtig, aber für hochsensible ganz besonders. Wer kennt sie nicht, die vielen Geschichten von den Heldentaten der Schutzengel? Generationen von Kindern haben sich daran erfreut und waren beruhigt, wenn ihren versichert wurde, dass es eine Wesenheit gibt, die für ihren ganz persönlichen Schutz und ihr Wohlergehen zuständig ist. Viele Kinder lieben ihr Kuscheltier über alles, aber für einige verkörpert es den Schutzengel. Sie sind davon überzeugt, dass sich ihr Schutzengel im Kuscheltier „aufhält“. In Krisenzeiten halten sie es fest im Arm, denn es spendet ihnen Trost und beschützt sie. Es ist also sehr wichtig, dass die Eltern das Kuscheltier entsprechend achten und gut behandeln. Und noch etwas: Engel sind zwar Wesen aus einer anderen Dimension, aber ihr Wirken ist durchaus konkret erfahrbar. Es gibt viele erwachsene und nicht unbedingt gläubige oder religiöse Menschen, die in kritischen Situationen auf wundersame Weise, aber völlig zweifelsfrei durch das Eingreifen einer höheren Instanz vor Schaden bewahrt wurden.

In der spirituellen Erziehung hochsensibler Kinder geht es darum, ihnen auf möglichst viele Arten deutlich zu machen, dass es mehr gibt als das irdische Leben. Dies sollte jedoch nie zwanghaft geschehen. Das Kind muss immer die Möglichkeit haben, das spirituelle Angebot abzulehnen. Das ist ein wichtiger Punkt, der jedoch selten eine Rolle spielt, denn gerade hochsensible Kinder interessieren sich oft ganz von selbst für spirituelle Dinge. Ich habe sehr häufig erlebt, dass diese Kinder ein viel größeres Bedürfnis nach spiritueller Nahrung hatten, als ihre Eltern ihnen zugestehen wollten. Sie folgen einer inneren Stimme und einer tiefen Sehnsucht, die so nur bei hochsensiblen Menschen vorhanden ist.

Zur Überraschung ihrer Eltern und Angehörigen besuchen einige hochsensible Kinder mit größter Begeisterung Kirchen, lesen christliche Bücher und sind förmlich begeistert von der Idee, ein Kreuz an einer Kette um den Hals zu tragen. Manche lesen gern in der Bibel, andere schmücken die Wand über ihrem Bett mit Schutzengeldarstellungen und anderen spirituellen Bildern, die sie manchmal mühsam wie Trophäen zusammengetragen haben, und auf die sie sehr stolz sind. All diese Vorlieben ergeben sich ganz natürlich und wie von selbst. In keinem der Fälle, die ich kenne, wurden sie von den Eltern angeregt oder besonders gefördert. Im Gegenteil: Oft machen die Kinder den Eltern deutlich, wie gut es wäre, wenn sie sich mehr mit spirituellen Themen beschäftigen würden.

Hochsensible Kinder sind immer bestrebt, „hinter die Dinge zu schauen“ und Zusammenhänge praktisch erfahrbar zu machen. Das hat natürlich zur Folge, dass sie sich nicht nur für spirituelle Themen im engeren Sinne interessieren sondern auch für die lebendige Spiritualität, die im Kontakt mit der Natur erfahrbar wird. Die meisten hochsensiblen Kinder erfreuen sich an Tieren und Pflanzen und gehen instinktiv ebenso feinfühlig mit ihnen um wie mit Menschen. Es scheint, als sei ihnen eine große Hochachtung vor allen Geschöpfen der Natur in die Wiege gelegt worden.

Gebet

Von Kopf bis Fuß bin ich Gottes Bild,
Vom Herzen bis in die Hände fühl ich Gottes Hauch.
Sprech ich mit dem Mund, folge ich Gottes Willen.
Wenn ich Gott erblicke überall, in Mutter, Vater, in allen lieben Menschen,
in Tier und Blume, in Baum und Stein,
gibt Furcht mir nichts,
nur Liebe zu allem, was um mich ist.

Die wundersame Wirkung von Segenswünschen

Rufe mich an, so will ich dir antworten und will dir anzeigen große und gewaltige Dinge, die du nicht weißt.

Jeremia 33,3

Erwachsene, die ständig mit einem hochsensiblen Kind zu tun haben und ihm hilfreich zur Seite stehen wollen, haben sicherlich die Erfahrung gemacht, dass wortreiche Erklärungen und die Vermittlung von Wissen hier nicht ausreichen. Die Eltern und das Kind brauchen ein wirksames Instrument, auf das sie in Krisensituationen zurückgreifen können. Die Praxis des Segnens ist ein solches Instrument. Es ist einfach, steht immer zur Verfügung und kostet nichts weiter als ein „offenes Herz".

Die Praxis des Segnens ist sehr alt. Zahlreiche Sprichworte und Redensarten weisen darauf hin, dass sie früher gang und gäbe war. Der Volksmund sagt zum Beispiel, dass auf einem Unternehmen oder einer Ware „kein Segen" liegt, und zwar besonders dann, wenn es Probleme mit dem Umsatz gibt. In allen Kulturen gibt es Segenssprüche und Segenswünsche, die im Hauseingang angebracht werden. In ländlichen Gegenden wird das Saatgut gesegnet, das Vieh, die Ernte, jede Mahlzeit und sogar das Wetter.

Das Segnen von Häusern, das ebenfalls eine lange Tradition hat, kann sich sehr positiv auswirken, wenn „der Haussegen schief hängt". Es gibt Häuser, deren Bewohner immer wieder im Streit mit ihren Nachbarn liegen oder in verschiedene Unglückssituationen geraten, die etwas mit dem Haus zu tun haben. In solchen Fällen ist es ratsam, das Haus zum Beispiel von einem Priester segnen zu lassen.

Es ist jedoch keineswegs zwingend notwendig, dass der Segen von einem Priester ausgesprochen wird. Grundsätzlich kann jeder Mensch einen anderen Menschen oder bestimmte Gegenstände und Situationen segnen. Wer segnet, ruft einen Engel herbei und bittet ihn um Hilfe. Diese Bitte um Hilfe ist wichtig, denn der Engel wird stets auf den Wunsch der betreffenden Person hin handeln und nur eingreifen, wenn er darum gebeten wird (es sei denn als Schutzengel im Notfall). In keinem Fall wird er versuchen, die Entscheidungen von Menschen zu lenken, zu manipulieren oder zu missachten.

Unsere Engel warten darauf, dass wir sie rufen. Sie freuen sich, wenn wir unsere Sorgen vertrauensvoll in ihre Hände legen, und helfen uns gern – oft völlig anders als erwartet. Auch wenn wir in einer Krise stecken und es uns an der Einsicht fehlt, die zu einer Lösung führen könnte, zeigen sie uns den richtigen Weg. In der Regel wirken sie im Verborgenen, aber in manchen Fällen ist anhand sehr eindrucksvoller Resultate deutlich zu erkennen, dass ihre Kraft am Werk war.

Dem Segnen von Personen und Gegenständen wohnt eine sehr intensive Energie inne. Das Wissen um diese Segensenergie ist in den letzten Jahrzehnten leider ziemlich in Vergessenheit geraten, und daher wird auch die Wirkung von Segnungen in der Regel unterschätzt. Ein Segen wirkt auf alle Fälle, ob der Gesegnete davon weiß oder nicht und ob er daran glaubt oder nicht. Auch der Segnende braucht keine besonderen Voraussetzungen zu erfüllen, damit sein Segen wirkt. Es genügt, die Segnung von ganzem Herzen zum Ausdruck zu bringen.

Trotz regelmäßiger Anwendung der Segnung kann es passieren, dass das gewünschte Resultat ausbleibt. Das kann verschiedene Gründe haben. Vielleicht wurde unter einem gewissen inneren Druck gesegnet und die so aufgebaute Erwartungshaltung hat zu einer Blockade geführt. Daneben gibt es „Hemmnisse“, die dann gegeben sind, wenn man selbst oder eine andere Person die Segnung bewusst oder unbewusst blockiert. Wir setzen uns selbst ein Hemmnis, wenn wir ein bestimmtes Ziel (zum Beispiel eine neue Arbeitsstelle) „herbeisegnen“ und gleichzeitig Angst vor all dem haben, was damit verbunden ist (Angst vor Veränderung, Versagensängste und so weiter). Eine Mutter, die gute Schulnoten für ihr Kind „herbeisegnet“, darf nicht gleichzeitig befürchten, dass ihr Kind scheitern könnte. Auch nicht vergeben oder vergessen zu können, kann ein starkes Hemmnis sein. Um bei diesem Beispiel zu bleiben: Eine Mutter, die gute Schulnoten für ihr Kind „herbeisegnet“, darf nicht ständig an den schlechten Noten „kleben“ bleiben, die ihr Kind bereits hatte.

Legen Sie die Angst ab, vertrauen Sie der geistigen Welt, sprechen Sie Ihren Segenswunsch locker und unverkrampft aus – und lassen Sie ihn dann innerlich los. Jeder Segenswunsch, der aus der inneren Klarheit heraus ausgesprochen und vertrauensvoll in die Hände eines Engels gelegt wurde, wird sich erfüllen. Jede innere Unklarheit blockiert die Erfüllung des Wunsches.

Beispiel für eine Segnung

Ich bitte den Engel meines Kindes,
er möge meinem Kind in der Schule zu
Erfolg und guten Leistungen verhelfen.
Er möge es auf seinem Schulweg beschützen
und es erfolgreich und glücklich durch den
Schultag führen. Ich sehe mein Kind, seine
Schule, sein Klassenzimmer, seine Lehrerin,
seine Mitschüler und seine Leistungen
(je nach Kind: Konzentrationsvermögen,
Rechenleistung etc.).

Das Keilbein als wichtiger Indikator des HSC-Syndroms

Zu Beginn meiner Arbeit mit hochsensiblen Kindern entdeckte ich im Rahmen der kinesiologischen und osteopathischen Befunderhebung, dass eine minimale laterale Verschiebung des Keilbeines (Os sphenoidale) ein entscheidender Indikator zur Identifizierung dessen ist, was ich als HSC-Syndrom bezeichne. Dieses Zeichen war bei fast allen Kindern mit HSC-Syndrom eindeutig auszumachen. Beobachtungen und Untersuchungen, die ich über mehrere Jahre hinweg mit sehr vielen Kindern machte, haben außerdem ergeben, dass die veränderte Lage des Keilbeins auch immer ein Indiz für die erhöhte Sensitivität der betreffenden Person und den damit normalerweise verbundenen emotionalen Stress ist. Das Keilbein ist ein zentral gelegener Knochen an der Schädelbasis, der über seine beiden großen Außenflügel (Alae majores) mit den seitlichen Schädeloberflächen im Schläfenbereich in Kontakt steht. Eine Verschiebung oder Verkippung dieses Knochens lässt sich röntgenologisch nicht exakt darstellen, weil die Fixpunkte, die notwendig sind, um die genau auswertbare Lage des Sphenoids zu bestimmen, nicht festzumachen sind. Die „Lageverschiebung" des Keilbeins ist zudem sehr gering und lässt sich daher nur über kinesiologische Testverfahren und mit osteopathischen Untersuchungsmethoden feststellen.

Die Knochen des Hirnschädels

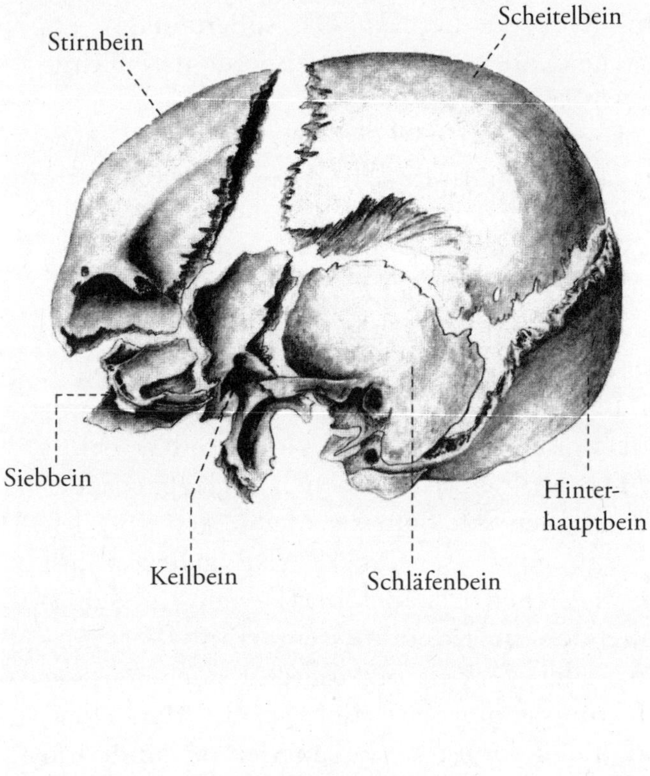

Die Abbildungen auf den Seiten 70-73 wurden nach Vorlagen aus Bruckner, Joseph: *Anatomie und Physiologie. Lehrbuch für ärztliches Hilfspersonal,* Georg Thieme Verlag, Stuttgart, 1977 (19. Auflage) erstellt. Es handelt sich um die Abbildungen 18 bis 21 aus dem genannten Buch. Wir danken dem Verlag für die freundliche Genehmigung zum Abdruck.

Das Keilbein (Os sphenoidale), von oben gesehen

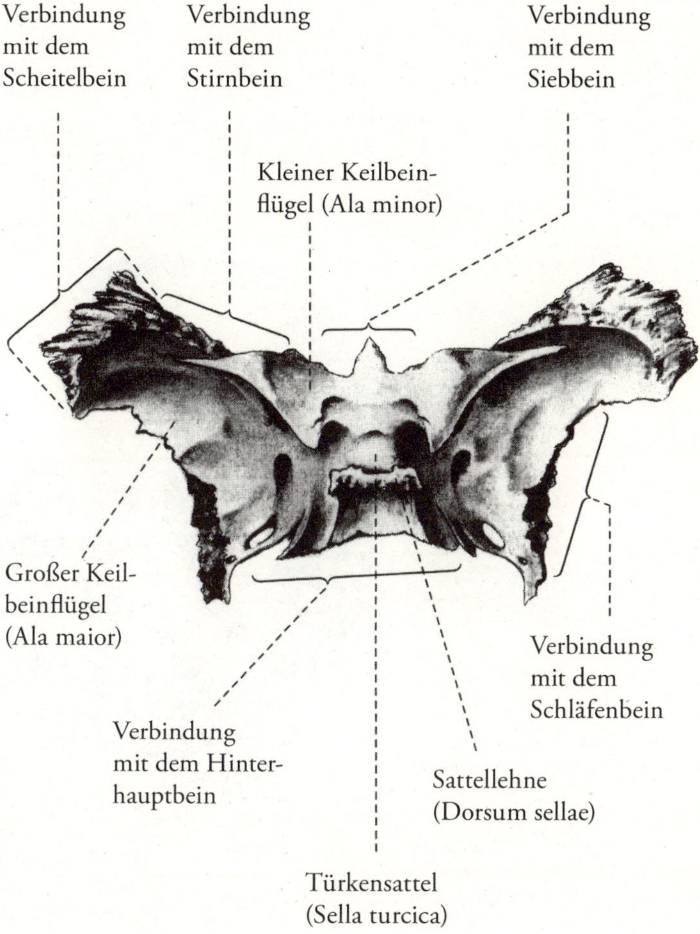

Der Schädel

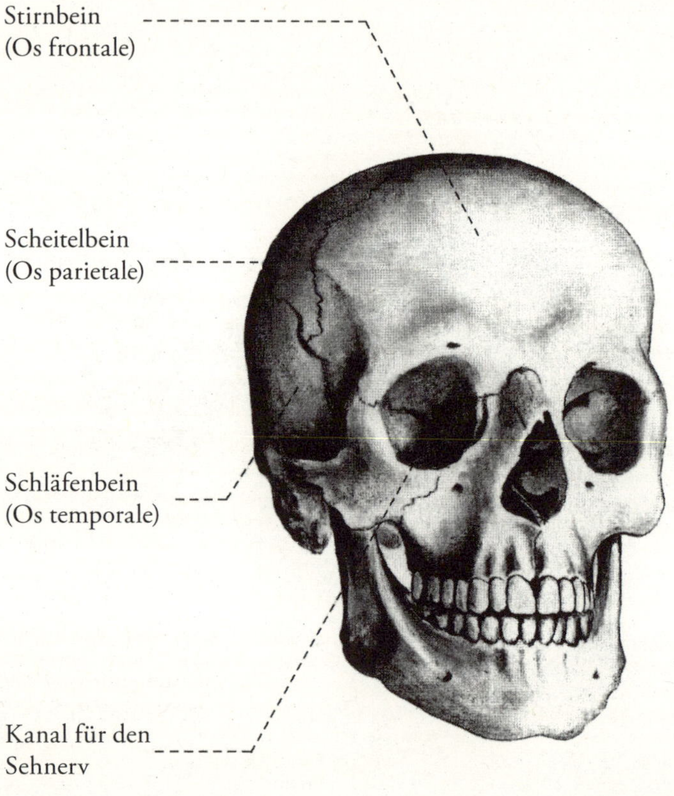
Stirnbein
(Os frontale)
Scheitelbein
(Os parietale)
Schläfenbein
(Os temporale)
Kanal für den
Sehnerv

Die innere Schädelbasis

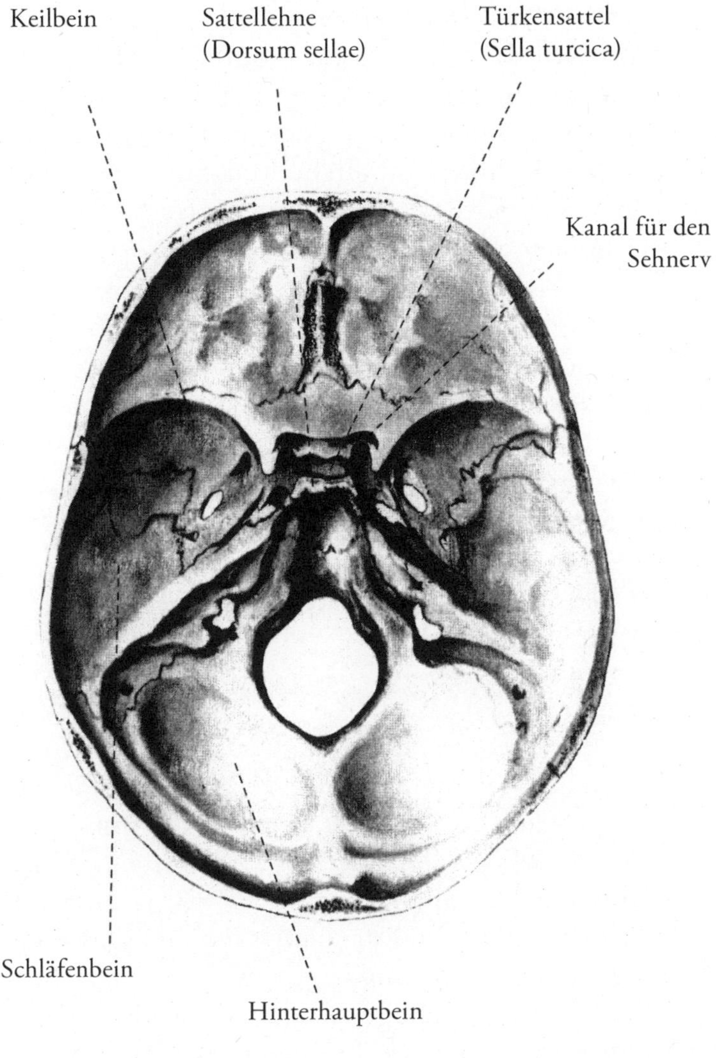

Die einzelnen Knochen des Schädels sind zwar nicht frei beweglich, wohl aber in geringem Umfang verschiebbar. Diese Verschiebbarkeit dient als Verletzungsschutz und um im Akutfall die beispielsweise durch ein Schädeltrauma entstandene Spannung auszugleichen. Dieser Ausgleich ist jedoch nur in einem gewissen Rahmen möglich, und zwar in genau dem Rahmen, der von den Zwischenräumen (Knochennähten oder Suturen) vorgegeben ist.

Die Schädelknochen unterliegen zudem einem cranio-sacralen Rhythmus, der von erfahrenen Cranio-Sacral-Therapeuten ertastet werden kann. Dieser cranio-sacrale Rhythmus hat unterschiedliche Auswirkungen, nicht nur auf den gesamten Schädel, sondern auch auf die Körperperipherie. Er ist mit Meereswellen vergleichbar, die in ruhigen und regelmäßigen Abständen aufeinanderfolgen, und bleibt selbst nach dem Tod eines Menschen noch eine Zeitlang bestehen.

Unter der Schädeldecke befinden sich Hirnhäute, die als Schutzhülle des Gehirns dienen und ihrerseits in der Lage sind, Spannungen innerhalb des Schädels auszugleichen. Eine Zunahme der Spannung an den Hirnhäuten ist zum Beispiel bei Hirnhautinfekten, schweren Schädeltraumen und einigen neurologischen Erkrankungen diagnostizierbar. Weniger bekannt ist, dass auch durch verschiedene andere

Faktoren eine leichte Hirnhautspannung aufgebaut wird, die dann jedoch als physiologischer Schutzmechanismus anzusehen ist. Zu diesen Faktoren gehören zum Beispiel schwere körperliche und seelische Traumen, geopathische Belastungen, Elektrosmog, Impfbelastungen, Strahlenbelastungen, aber auch emotionaler Stress. Gegen diese Faktoren werden an den Hirnhäuten minimale Abwehrspannungen aufrechterhalten, die ausschließlich über kinesiologische Testverfahren zu ermitteln sind. Diese feinen Spannungen haben zunächst keine besonderen Symptome zur Folge. Dennoch bewirkt eine Mehrfachbelastung durch oben genannte Faktoren eine Spannungszunahme, die erste leichte Beschwerden auslösen kann. Erfahrungsgemäß handelt es sich dabei um Halswirbelsäulenbeschwerden, Kopfschmerzen, Schwindel, Konzentrationsprobleme, Schlafstörungen, Rückenschmerzen und neurologische Symptome.

Bei allen hochsensiblen Kindern teste ich darüber hinaus jene Hirnareale, die mit emotionalen Abläufen in Verbindung stehen. Dies sind zum Beispiel Amygdala, Hippocampus, Limbisches System, Hypothalamus (Hirnareale, die auf emotionale Reize reagieren, ohne in ihrer Tätigkeit beeinträchtigt zu werden und ohne krankhafte Veränderungen oder Symptome zu zeigen). Die Tests werden durchgeführt, weil hochsensible Kinder sehr schnell emotionalen Stress empfinden. In ihrem Gehirn passiert dann so etwas wie in einem Computer, in dem plötzlich einzelne Programme abstürzen. Anzeichen für dieses „Abstürzen“ sind Unruhe, Konzentrationsstörungen, Kopfschmerzen, Übermüdung, endokrinologische Probleme und Wachstumsstörungen, um nur einige zu nennen. Diese Funktionsstörungen sind allerdings immer unabhängig von einer Lageveränderung des Keilbeins zu beobachten.

Bei vielen hochsensiblen Kindern lässt sich eine laterale Verschiebung des Keilbeins schon früh feststellen. Vermutlich ist sie das Resultat einer Stressreaktion, die entweder unmittelbar nach der Geburt oder aber in den ersten Lebensmonaten erfolgt ist. Das betroffene Kind ist zunächst beschwerdefrei, leidet aber unter Umständen unter seelischer Anspannung. Wenn die laterale Verschiebung sanft osteopathisch behandelt wird, hat dies immer eine Auflösung der seelischen Anspannung zur Folge.

Das Keilbein sieht einem knöchernden Schmetterling sehr ähnlich. Auf seiner Oberseite liegt auf einem knöchernen Sattel (Sella turcica) in einer ovalen Grube (Fossa hypophyseos) die Hypophyse oder Hirnanhangsdrüse. Diese Drüse steuert verschiedene hormonelle und immunologische Funktionen. Daraus lässt sich ableiten, dass eine Verkippung des Keilbeins eine entscheidende Rolle bei der Entstehung allergischer und immunologischer Erkrankungen spielen kann. Eine Lageanomalie oder Dysfunktion eines oder mehrerer Schädelknochen, in diesem Falle des Keilbeins, ist nicht nur ein lokales Problem, sondern oft auch die Ursache von Erkrankungen eines Organs oder Organsystems, weil verschiedene Schädelknochen mit Organsystemen korrespondieren. Bei Kindern kommt es jedoch in der Regel nicht zu organischen Störungen, weil das Gewebe noch sehr weich ist. Allerdings leiden einzelne Kinder unter Wachstumsstörungen oder Entwicklungsverzögerungen ohne erkennbare Ursache. In den meisten Fällen verschwinden diese Störungen nach der Behandlung allmählich.

Wir haben bereits erfahren, dass das Keilbein über seine beiden großen Außenflügel (Alae majores) mit der Schädeloberfläche im Schläfenbereich in Kontakt steht. An dieser Kontaktstelle kann ein erfahrener Therapeut eine etwaige Lageanomalie beziehungsweise Bewegungsblockade des Keilbeins gut diagnostizieren und behandeln. Eine Verkippung des Keilbeins kann also recht einfach und schnell korrigiert werden. Manchmal muss bei der Behandlung auch noch eine Korrektur in Relation zu dem jeweiligen Stressfaktor (Mutter, Vater, Schule, Geschwister, Freunde, Allergen, Medikamente, Elektrizität, Impfstoff, Strahlen und so weiter) vorgenommen werden. In der Regel profitiert das Kind unmittelbar von dieser Maßnahme. Oftmals stellen Eltern und Lehrer schon nach einer Behandlung fest, dass sich das Kind viel entspannter verhält.

Alles, was wir nun über die Auswirkungen eines verkippten Keilbeins wissen, stellt die volkstümliche Redewendung, jemand sei „verdreht im Kopf“, in einen realen Zusammenhang. Es sieht ganz so aus, als hätte man „Verhaltensauffälligkeiten“ und „eine Verdrehung im Kopf“ (eine Verkippung des Keilbeins?) auch früher schon miteinander in Verbindung gebracht. Für hochsensible Kinder ist die laterale Verkippung entscheidend. Zahlreiche Säuglinge setzen den ihnen angeborenen Saugreflex instinktiv ein, um ihre Schädelbasis zu entspannen. Das Ansaugen des Oberkiefers sorgt nämlich für eine Entspannung der darüber liegenden Schädelbasis. Kinder mit einem hohen Gaumenbogen leiden oft unter einer vermehrten Spannung im Schädel, was sie unter Umständen unruhig und quengelig macht. Durch das Saugen führen sie eine Entspannung der Schädelbasis herbei und sorgen für eine damit einhergehende seelische Entspannung. Deshalb sind alle Kinder auf den Saugreflex angewiesen, nicht nur zur Reifung des Nervensystems, sondern auch zur Entspannung und eventuellen Korrektur der Schädelknochen, die bei Säuglingen oft durch Schwangerschaft und Geburt komprimiert wurden.

Kieferfehlstellungen, die fälschlicherweise oft mit langem Saugen in Verbindung gebracht werden, treten letztlich immer in Folge von Dysfunktionen der Schädelknochen auf (bedingt durch Geburt, Unfälle, Verformung des mütterlichen Beckens usw.) und lassen sich mit osteopathischen Mitteln erfolgreich behandeln. Das übermäßig lange und stetige Saugen dient also nicht nur der seelischen Entspannung. Es ist auch ein wichtiger Indikator für etwaige Schädel- und Kieferfehlstellungen. Eine Korrektur des Kiefers mithilfe einer Zahnspange ist meist nicht die geeignete Methode, um Dysfunktionen der Schädelknochen zu beheben, welche die Kieferfehlstellung verursacht haben. Zudem erhöhen diese Spangen die Spannung im Schädel und lösen nicht selten Beschwerden an der Wirbelsäule bis hin zu einer Skoliose aus.

Wie kann das geschehen? Die Hirnhäute stehen in Verbindung mit dem Rückenmark und darüber mit der Wirbelsäule. Spannungen, die durch Zahnspangen (oder auch Impfungen, Unfälle, geopathische Belastungen, Elektrosmog, Strahlenbelastung, Infekte und so weiter) entstehen, versucht der Körper durch Verdrehen einzelner Wirbel abzumildern. Das Verdrehen oder Verschieben einzelner Wirbel führt jedoch langfristig zu einer Verformung der Wirbelsäule bis hin zur Skoliose. Die Skoliose führt zu einem Beckenschiefstand und damit zu einer Beinlängendifferenz. Die häufig dagegen eingesetzten Schuheinlagen beseitigen die Ursache des Problems nicht, sondern tragen im Gegenteil noch dazu bei, die Spannung im Körper weiter zu erhöhen, und sind daher völlig unangebracht.

Zuckerkonsum und Impfungen – eine Belastungsprobe für hochsensible Kinder

Die meisten Kinder lieben Süßigkeiten – auch wenn ihre Eltern alles tun, um den Zuckerkonsum der Familie einzuschränken. Es ist nicht ganz leicht zu sagen, wo das Verlangen nach Zucker anfängt, übermäßig zu werden. Sicher ist, dass ein übermäßiges Verlangen nach Zucker in den meisten Fällen zunächst nicht als Auffälligkeit wahrgenommen und deshalb auch nicht als ernstes Symptom gewertet wird. Auch die meisten Ärzte oder Heilpraktiker bringen übermäßigen Zuckerkonsum nicht mit Darmmykosen und Verhaltensauffälligkeiten in Verbindung.

Nur wenigen Kinderärzten ist bekannt, dass übermäßiger Zuckerkonsum zu Zinkmangel führen kann. Zinkmangel wiederum verursacht Störungen des Immunsystems und kann auch andere Störungen (beispielsweise des Wachstums) hervorrufen. Der weiße Zucker ist aber nicht nur ein Zinkräuber, sondern auch ein Räuber von B-Vitaminen, die für das Nervensystem äußerst wichtig sind. Brisant wird das Thema vor allem dann, wenn ein Kind hyperaktiv oder aggressiv auf Zucker reagiert. Und in der Tat kann bei vielen Kindern eine Unverträglichkeit von Zucker ausgetestet werden, die ein hyperaktives Verhalten auslöst oder begünstigt.

Ein striktes Zuckerverbot macht also durchaus Sinn, wird aber von den wenigsten Schulkindern konsequent eingehalten, denn wenn sie von den Eltern keine Süßigkeiten bekommen, dann eben von Mitschülern, oder sie kaufen sich selbst welche. Sicherlich ist es sinnvoll, den Zucker durch Honig oder Fruchtzucker zu ersetzen, aber es ist mindestens ebenso wichtig, den Ursprung der durch Zucker verursachten Verhaltensauffälligkeiten aufzuspüren. In vielen Fällen lässt sich nachweisen, dass dem Kind nach der Geburt eine zu hoch konzentrierte Zuckerlösung verabreicht wurde. Manchmal handelt es sich um eine Impfschädigung und oft leiden die Kinder auch unter einer Darmmykose (Darmpilzerkrankung), die den chronischen Heißhunger auf Zucker verursacht.

Bei einer Impfung wird das Nervensystem eines Kindes in einen künstlichen Alarmzustand versetzt. Künstlich ist dieser Zustand deshalb, weil es in der Natur keine „Impfungen" gibt, sondern nur das Eindringen von „wirklich gefährlichen" Keimen, also eine drohende Infektion. Der Körper aber unterscheidet nicht zwischen „echten" und „geimpften" Erregern und mobilisiert in jedem Fall sein Abwehrsystem, um die Infektionsgefahr abzuwenden. Wenn der Impfstoff zusammen mit Zucker verabreicht wird, wie beispielsweise bei der Polioimpfung, bringt das Nervsystem den Zucker automatisch mit dem gleichzeitig zugeführten Impfstoff in Verbindung. Beide Substanzen werden als „Gefahrenstoffe" im Nervensystem registriert, weil sie zusammen verabreicht wurden. Wann immer das geimpfte Kind zu einem späteren Zeitpunkt mit Zucker in Kontakt kommt, wird dieses Akutprogamm erneut aktiviert. Zucker ist als „Gefahrenstoff" abgespeichert.

Das kann der Grund dafür sein, dass ein Kind auf den Genuss von Zucker hyperaktiv, aggressiv oder müde reagiert. Grundsätzlich sei jedoch bemerkt, dass der weiße Zucker auch ohne Impfbelastungen Blockaden im Nervensystem verursacht. Ich habe beispielsweise festgestellt, dass Kinder, die übermüdet oder durstig sind, ein vermehrtes Verlangen nach Süßigkeiten haben.

Vielen Müttern scheint nicht bekannt zu sein, dass Kinder viel Flüssigkeit, vor allem Wasser brauchen. Auch frisch gepresste Obstsäfte stillen Verlangen nach Süßigkeiten.

Auf einer anderen Ebene führt die Frage nach Gründen für einen extremen Heißhunger auf Zucker zu der Überlegung, wo wir uns und unseren Kindern die „Süße des Lebens" vorenthalten. Kein frisch verliebtes Paar hat Heißhunger auf Schokolade, denn die Liebe ersetzt das Verlangen nach Süßigkeiten. Es ist erwiesen, dass Schokolade den Serotoninspiegel anhebt, also „aufhellend" auf die Stimmung wirkt und somit gut gegen Depressionen ist.

Hochsensible Kinder haben ein „unstillbares“ Verlangen nach Liebe und Zuwendung, das selbst von der besten Mutter nicht immer optimal befriedigt werden kann. Da kann es schon einmal vorkommen, dass ein Kind sein Liebesbedürfnis durch Zucker auszugleichen versucht. Es wäre sicherlich nicht angebracht, jedem Kind, das nach Süßigkeiten verlangt, ein unerfülltes Liebesbedürfnis zu attestieren. Dennoch sollte man sich etwaige Zusammenhänge und mögliche Ursachen der Sucht nach Süßem vor Augen führen.

Hochsensible Kinder und Hyperaktivität

Der Begriff Hyperaktivität bezeichnet einen Zustand der Unruhe und des ständigen, übertriebenen In-Bewegung-Seins.

Es gibt zahlreiche Kinder, die verhaltensauffällig und eindeutig hyperaktiv sind. Daneben gibt es Kinder, die einfach nie gelernt haben, still zu sitzen und aufmerksam zu sein. Dieses Problem hat etwas mit Fehlern in der Erziehung zu tun und kann nicht als „behandlungsbedürftig" im eigentlichen Sinne angesehen werden. Für den Laien ist es allerdings meist nicht möglich, eine Form der Hyperaktivität von der anderen zu unterscheiden. Viel zu oft werden Kinder, die aufgrund von Erziehungsfehlern unruhig sind, mit behandlungsbedürftigen hyperaktiven Kindern „in einen Topf geworfen".

Diese an sich schon unklare Sachlage wird noch schwieriger, wenn es um die Identifizierung hochsensibler Kinder mit hyperaktiven Tendenzen geht. Wir wissen bereits, dass hochsensible Kinder sämtliche Eindrücke aus ihrer Umgebung ungefiltert aufnehmen – einschließlich der unruhigen Gedanken und Emotionen sowie der inneren Rastlosigkeit ihrer Mitmenschen. Dies geschieht immer völlig unbewusst und unbeabsichtigt, ganz einfach, weil diese Kinder nicht in der Lage sind, sich von den Gedanken- und Gefühlsschwingungen der Menschen um sie herum abzugrenzen.

Die meisten Schulen sind voll von Kindern, die unter innerer Unruhe und Konzentrationsschwäche leiden, weil sie ein Bewegungsdefizit haben. Erschwerend kommt noch hinzu, dass viele Schulkinder bis spät abends vor dem Fernseher sitzen und sich Filme anschauen, in denen sich Gewaltszenen mit anderen Angst machenden Sequenzen abwechseln. Dadurch entstehen Gedanken- und Energiemuster, die sich im Emotionalkörper dieser Kinder manifestieren. Kinder sind nur in sehr begrenztem Maße in der Lage, belastende Szenen aus dem Fernsehen und dadurch erzeugte Emotionen zu verarbeiten. Für eine angemessene Verarbeitung wäre nicht nur viel Bewegung nötig, sondern auch die Zuwendung eines verständnisvollen Erwachsenen. Wenn beides nicht gegeben ist, tragen die Kinder das „seelisch belastende Gedankengut" mit sich herum und werden es nicht wieder los.

Wenn solche Kinder in der Schule mit hochsensiblen Kindern zusammentreffen, passiert es seht häufig, dass die hochsensiblen Kinder deren energetische Schwingungen aufnehmen. Das hochsensible Kind spürt genau, welche Schwingungen im Energiefeld eines Mitschülers vorhanden sind, kann sich aber nicht dagegen schützen. Dagegen ist nichts einzuwenden, wenn es sich um positive Schwingungen handelt, sind sie jedoch belastend, beispielsweise aus den oben genannten Gründen, kann es im schlimmsten Fall passieren, dass das hochsensible Kind diese schlechten Schwingungen nicht nur aufnimmt, sondern plötzlich sogar selbst aussendet. Das Resultat ist ein hochsensibles Kind, das sich aufgrund der aufgenommenen disharmonischen Schwingungen „auffällig" verhält. Dieses „angenommene" Verhalten kann von gewalttätig über depressiv bis hyperaktiv reichen. Wenn Eltern oder Lehrer dies erkennen und das Umfeld des Kindes beleuchten, werden sie recht bald Zusammenhänge zwischen dem Verhalten ihres hochsensiblen Kindes und möglichen Verursachern in seinem Umfeld ausmachen können.

Bei hochsensiblen Kindern ist hyperaktives Verhalten eigentlich immer ein Spiegel. In diesem Spiegel erkennen Eltern andere Kinder wieder, aber nicht selten auch sich selbst, denn auch „Unruhen" in der Familie tragen zum hyperaktiven Verhalten eines hochsensiblen Kindes bei.

Mögliche Ursachen und Behandlungsmöglichkeiten der Hyperaktivität

Vor allem in seiner Entwicklungs- und Reifungszeit ist das Nervensystem dringend auf Bewegungsreize angewiesen. Wenn diese Reizerlebnisse nur eingeschränkt ermöglicht werden, hat dies immer eine neurologische Entwicklungsverzögerung zur Folge.

Bewegungen und die damit verbundenen Reflexe sind starke Instinkte, die ein Lebewesen zum Überleben braucht. Ihre Einschränkung kommt der gewaltsamen Eingrenzung eines natürlichen Entwicklungsimpulses gleich. Ein Kind gerät „außer sich", wenn es in der Bewegung festgehalten wird, weil es instinktiv weiß, dass es die Bewegung braucht, um sein Nervensystem intakt zu erhalten. Auch die neuralen Entwicklungsimpulse können nicht in Gang gebracht werden, wenn Bewegung nicht in ausreichendem Maße möglich ist. Das heißt nun keinesfalls, dass ein Kind ständig in Bewegung sein muss, aber die allgemeine Bewegungsarmut in unserer Gesellschaft hat auch vor den Kleinsten nicht Halt gemacht. Die meisten von ihnen können ihren altersgerechten Bewegungsdrang nicht in vollem Umfang ausleben.

Warum ist das so? Die meisten Eltern wissen über die oben geschilderten Zusammenhänge schlicht und einfach nicht Bescheid. Kaum eine Hebamme oder ein Kinderarzt klärt junge Eltern darüber auf, dass Bewegung außerordentlich wichtig für die neurale Entwicklung ihres Kindes ist. Andererseits warten in den Läden für Babyausstattung Unmengen von Gerätschaften auf ihren Einsatz, die alle eigens entwickelt wurden, um den Alltag der jungen Mutter so einfach wie möglich zu machen. Leider führen sehr viele dieser Geräte zu einer erheblichen Einschränkung der kindlichen Bewegungsmuster. Dazu gehören beispielsweise jene Spielgeräte, die den Säugling zu stundenlangem Liegen auf dem Rücken animieren, weil buntes Spielzeug in greifbarer Nähe über ihm hängt und ihn davon abhält, Dreh- und Wendemanöver zu üben. Auch die praktischen Babyschalen, die bei Autofahrten wunderbare Dienste leisten, führen bei chronischem Gebrauch, vor allem über mehrere Stunden, zu einer drastischen Einschränkung der Bewegungsmöglichkeiten. Das gilt auch für Bobby Cars, Rutscheautos, Laufhilfen und Laufställchen. Ein kurzzeitig eingesetztes Laufställchen mag sehr nützlich sein, weil man das Kind darin auch mal unbeaufsichtigt lassen kann, aber es muss klar gesagt werden, dass es sich bei regelmäßigem und längerem Gebrauch immer nachteilig auf die kindliche Entwicklung auswirkt. Auch das lange Sitzen in Kinderwagen und Buggy verhindert das nötige Lauftraining.

Nahrungsmittel, welche die Funktionsfähigkeit des Nervensystems beeinträchtigen

- Kaffee, schwarzer Tee
- Energy-Drinks und Limonaden
- Haushaltszucker
- Kaugummi
- Alkohol
- Farb- und Konservierungsstoffe
- Künstliche Aromastoffe
- Fleischprodukte (Schwein, Rind, Kalb)
- Eier und Geflügel aus Massentierhaltung
- übermäßiger Milchkonsum
- chemische Zusatzstoffe (inkl. Insektizide, Schwermetalle usw.)
- gehärtete Fette (inkl. Margarine)
- bestrahlte und genmanipulierte Nahrung
- mit Mikrowelle zubereitete Nahrung

Nahrungsmittel, die einen günstigen Einfluss auf das Nervensystem haben

- Früchte
- Gemüse (besonders Möhren), roh oder gedünstet
- Salate und Sprossen
- Nüsse
- kalt gepresste Öle (Maiskeimöl, Distelöl u. a.)
- Butter
- Getreide (besonders Hafer und Dinkel)
- vegetarische Ernährung (mit wenig Quark)
- Eiweiß aus Pflanzen (Soja, Bohnen, Linsen, Mais, Keimsprossen)
- frische Kräuter
- frisches Wasser
- frisch gepresste Säfte
- Zucker aus Früchten (Fruchtzucker, Traubenzucker etc.)

Beeinträchtigung des Nervensystems durch andere Faktoren

- Bestrahlungen: Röntgen, Mikrowelle, Magnetfelder, Bildschirmstrahlung, Radioaktivität, Kernspinnuntersuchungen, Elektrostress, auch Wasserbett, starke UV-Strahlung, Funkwellen
- geopathische Belastungen
- Chemikalien und Wohngifte
- Nikotin, Drogen, Medikamente, Narkosemittel
- Wiederbelebungsmaßnahmen
- Schienen, Zahnspangen, Schuheinlagen, Korsett, Gipsverbände, Prothesen, Sonden, Injektionen im Bereich des Kopfes und der Wirbelsäule, fehlerhafte Brillen
- Sauerstoffmangel und Sauerstoffüberangebot
- Flüssigkeitsmangel
- Vitamin- und Mineralstoffmangel
- emotionaler Stress, Mangel an Liebe und Freude
- zu wenig Bewegung, Drehung bei hoher Geschwindigkeit (z. B. Karussell, Achterbahn)
- starre Schuhsohlen
- übermäßiger Fernseh- und Computerkonsum

Positiv für das Nervensystem

- Bewegung (mäßiger Sport) und Sauerstoffaufnahme
- künstlerische Betätigung (singen, musizieren, tanzen, malen), spielen
- Entspannung (Meditation, Yoga etc.)
- kinesiologische Übungen
- Berührung (Massagen etc.)
- ausreichender (erholsamer) Schlaf
- geregelter Tagesablauf
- Kommunikation mit anderen Menschen
- Beschäftigung mit Tieren
- Positive Gedanken (Optimismus)
- weiche, freundliche Kleidung aus Naturfasern
- Lachen und Lebensfreude allgemein

Ich weiß aus eigener Erfahrung, dass es beispielsweise in einer Großstadt nicht immer möglich ist, ein Kleinkind frei laufen zu lassen, besonders wenn noch ein jüngeres Geschwisterkind dabei ist und die Mutter ihre Einkäufe allein erledigen muss. Doch wenn die nötige Aufklärungsarbeit stattgefunden hat und die Mutter besser über die Zusammenhänge informiert ist, wird sie sicherlich jede Gelegenheit nutzen, um ihrem Kind Bewegung zu verschaffen.

Doch nicht nur mangelnde Bewegung, auch ein Überangebot an Süßem kann ein Kind hyperaktiv, machen. Zucker wird durch Bewegung verbrannt und wenn die nötige Bewegung fehlt oder zu viel Zucker verabreicht wurde, reagiert das Nervensystem mit Unruhe. Das gilt auch für Impfschäden, besonders durch Polioimpfungen. Aber auch Allergien, Elektrosmog, geopathische Belastungen und Störungen im Wohnraum sowie Vitamin- und Mineralstoffmangel, besonders ein Mangel an Spurenelementen, können Hyperaktivität begünstigen. Nicht zuletzt können auch Probleme in Familie und Schule zu hyperaktivem Verhalten führen.

Es ist unsere Aufgabe als Therapeuten, die Gründe zu erforschen, die dazu geführt haben, dass ein Kind hyperaktiv reagiert. Dafür braucht man Fachwissen und Kompetenz, aber auch viel Einfühlungsvermögen und Verständnis für das betreffende Kind. In der Arbeit mit hochsensiblen Kindern ist die Intuition des Therapeuten ebenso gefragt wie seine absolute Offenheit. Sie können sicher sein, dass ein hochsensibles Kind sehr genau spürt, wann Sie als Therapeut unaufrichtig sind. Dieses Kind kann buchstäblich Ihre Gedanken lesen. Seien Sie also offen und ehrlich.

Sprechen Sie viel mit einem hochsensiblen Kind, während Sie es behandeln, aber seien Sie nie aufdringlich und neugierig. Heucheln Sie vor allem keine Freundlichkeit, denn hochsensible Kinder sind Meister im Durchschauen sämtlicher Masken. Nur wenn die Behandlung in einer Atmosphäre der Offenheit und des Verständnisses stattfindet, kann sich das hochsensible Kind öffnen und ein Vertrauensverhältnis zu seinem therapeutischen Begleiter aufbauen. Dann wird es sich auch trauen, Dinge anzusprechen die es mit den Eltern bisher nicht besprechen konnte. Hochsensible Kinder merken sehr schnell, wer es gut mit ihnen meint. Sie öffnen sich den Menschen, die reine und lichtvolle Gedanken haben, und vor allem den Menschen, die ihnen Verständnis und Liebe entgegenbringen.

Wenn Sie es mit einem hyperaktiven Kind zu tun haben, scheint es Ihnen vielleicht nahezu unmöglich, sich auf das Kind einzustellen, weil es ständig spricht und sich dauern bewegt. Lassen Sie sich davon nicht anstecken, sondern bleiben Sie möglichst ruhig, und beobachten Sie auch die Reaktionen der Mutter. Wenn diese Strategie nicht den erwünschten Erfolg bringt, müssen Sie zusätzlich Ihre Disziplin und Willenskraft unter Beweis stellen. Teilen Sie dem Kind mit, dass Sie fest entschlossen sind, ihm zu helfen und dafür zu sorgen, dass es ihm bald besser geht. Wenn das Kind spürt, dass sein Gegenüber selbstbewusst auftritt und wirklich an ihm interessiert ist, ist es in der Regel schnell bereit mitzuarbeiten.

Die Behandlungsmöglichkeiten für hyperaktive hochsensible Kinder sind vorwiegend im Bereich der so genannten alternativen Therapien zu finden. Oft hilft eine neutrale osteopathische Therapie, aber auch Homöopathie, Cranio-Sacral-Therapie und alle seelisch harmonisierenden Methoden zeitigen Erfolge. Grundsätzlich ist es immer erforderlich, die Stressmuster dieser Kinder zu lösen und eine seelische Dysbalance auszugleichen. Viele Kinder reagieren sofort nach einer solchen Behandlung ausgeglichener, bei anderen dauert es etwas länger (einige Tage). In den meisten Fällen äußern sich die Kinder selbst sehr positiv über die Behandlung.

Was hochsensible Kinder belastet

Hochsensible Kinder haben eine extrem fein ausgeprägte Wahrnehmungsfähigkeit. Für subtile atmosphärische Schwingungen und Gedankenenergien sind sie ebenso empfänglich wie für Strahlenbelastung, Lärm, Stress, Elektrosmog und vieles mehr. All das findet auf einer Ebene der Wahrnehmung statt, die mit dem Signal- und Frühwarnsystem von Tieren verglichen werden kann und die grundsätzlich jedem Lebewesen zur Verfügung steht. Allerdings haben die meisten Menschen jenseits des dritten Lebensjahres keinen oder nur noch beschränkten Zugang dazu. Bei hochsensiblen Kindern (und Erwachsenen) ist das anders.

Man kann es nun einerseits als Geschenk Gottes und als Bereicherung ansehen, dass diese Kinder Dinge wahrnehmen, die anderen Menschen verborgen bleiben, sollte aber andererseits auch nicht aus den Augen verlieren, dass eine solche Gabe sehr belastend sein kann. Nicht alles, was hochsensible Menschen wahrnehmen, ist positiv und förderlich. Und das gilt ganz besonders für Kinder, die oft mit Energien und Gedankenformen in Kontakt kommen, die sie schlicht überfordern. Während viele Kinder problemlos in der Lage sind, sich wenn nötig vor fremden Energien abzuschirmen, fällt das hochsensiblen Kindern meist sehr schwer, wenn es ihnen nicht sogar völlig unmöglich ist.

Es wäre allerdings nicht der richtige Weg, wenn Eltern nun versuchen würden, ihr hochsensibles Kind vor allen fremden Schwingungen abzuschirmen. Abgesehen davon, dass dies ohnehin nicht möglich ist, hätte ein übermäßiges Behüten und Abschirmen vor der Realität sicher mehr negative Folgen für das Kind, als irgend jemandem lieb sein könnte. Spätestens im Erwachsenenalter stünde es immer wieder vor Problemen, die eigenständig zu lösen es nie gelernt hat. Auch mit den vergleichsweise einfachen Belastungen und Herausforderungen des Alltags könnte das Kind sicherlich weniger gut umgehen als andere. Daher ist ein gezieltes Bewusstmachen der negativen Einflüsse nicht nur der erste, sondern auch der sicherste Schritt zu tragfähigen Lösungen und dauerhaften Veränderungen.

Nahezu alle hochsensiblen Kinder leiden unter emotionalen Spannungen in ihrem engeren Umfeld (Schule, Elternhaus und so weiter) sowie unter einem Mangel an Zuwendung, Liebe und familiärer Geborgenheit. Leider sind viele Mütter selbst zu überlastet, um überhaupt erkennen zu können, dass es in ihrer Familie an Geborgenheit fehlt. Manchmal realisieren sie auch einfach nicht, wie wichtig Ruhe und Geborgenheit für ihr Kind sind, oder ihnen fehlt die Unterstützung durch einen Partner oder die Großfamilie, um selbst Zeit und Ruhe zu finden. Doch das ist die Grundvoraussetzung für häusliche Geborgenheit – eine Pflanze, die immer gehegt und gepflegt werden will, damit sie wachsen und erblühen kann. Geborgenheit äußert sich in kleinen Dingen: eine Kerze oder ein Blumenstrauß auf dem Esstisch, Zeit zum Zuhören, Verstehen und In-den-Arm-Nehmen und vieles mehr. Das ist „Seelenbalsam", nicht nur für Kinder. Auch die meisten Erwachsenen haben in dieser Beziehung einen beträchtlichen Nachholbedarf.

Wie alle Kinder braucht ein hochsensibles Kind einen festen Tages-, Wochen- und Jahresrhythmus. Jeder Mensch ist in natürlichen Rhythmen und Zyklen eingebunden (Tag und Nacht, die Zyklen von Sonne und Mond, Jahreszeiten und so weiter). Als Stadtbewohner haben wir uns zwar meist ziemlich weit von den natürlichen Rhythmen entfernt und müssen im Extremfall im Kalender nachschauen, um zu erfahren, ob Vollmond oder Neumond ist, aber dennoch werden wir von diesen Zyklen beeinflusst und leben ausgeglichener und gesünder, wenn wir mit ihnen gehen und nicht gegen sie arbeiten. Jede Abkoppelung von einem natürlichen Rhythmus führt zu innerem Ungleichgewicht, Energieverlust und langfristig in die Krankheit. Dies gilt besonders für hochsensible Kinder, die sehr feine Antennen für die natürlichen Energien haben. Ein Leben im Einklang mit dem Rhythmus der Natur gibt ihnen Halt und ist ihrem Wohlbefinden sehr zuträglich.

Hochsensible Kinder reagieren sehr schnell und unmittelbar auf Stressoren in der Nahrung. Daher sollten Abneigungen, die sie gegen bestimmte Nahrungsmittel haben, stets ernstgenommen werden. Viele hochsensible Kleinkinder lehnen tierische Produkte und Milch instinktiv ab und vertragen diese Nahrungsmittel zum Teil auch sehr schlecht. Letzteres gilt auch für Zucker, obwohl der von den wenigsten Kindern abgelehnt wird. Manchmal antwortet der kleine Körper mit Bauchschmerzen, Allergien und massiven Hautproblemen auf solche Nahrungsmittel. Außerdem leiden die meisten Kinder unter chronischem Flüssigkeitsmangel. Unter Flüssigkeit ist hier in erster Linie Wasser zu verstehen, so genannte Erfrischungsgetränke (Limonade, Cola) und Milch eignen sich nicht zur Deckung des Flüssigkeitsbedarfs. Im Gegenteil: Um die Getränke zu verarbeiten, braucht der Körper noch zusätzlich Wasser. Auf die Dauer führt der Genuss solcher Getränke zu einem chronischen Wassermangel im Organismus und zu Blockaden im Nervensystem.

Auch ständiger Fernsehkonsum und häufiges Computerspielen stresst ein hochsensibles Kind noch mehr als andere Kinder. Das mag für Erwachsene schwer nachvollziehbar sein, vor allem, wenn sie den Fernseher „so nebenher“ laufen lassen. Kinder, und hochsensible Kinder ganz besonders, sind jedoch mit allen Sinnen bei einem Fernsehfilm oder einem Computerspiel. Sie befinden sich „mitten im Geschehen". Das ist eine große Belastung für das Nervensystem, das schnelle Bildfolgen nur in Verbindung mit schnellen Bewegungsmustern (laufen, rennen etc.) kennt. Auf eine zwanzig Minuten andauernde Sinnesreizung mit schnellen Bildfolgen müssen mindestens dreißig bis vierzig Minuten folgen, in denen sich der Körper schnell bewegt. Das nämlich ist nötig, um das aufgestaute Bewegungsdefizit auszugleichen, damit kein Stress für das Nervensystem entsteht. Da dies in der Regel nicht möglich ist, rate ich allen Eltern, den Fernseh- und Computerkonsum ihrer Kinder stark einzuschränken.

Ein hochsensibles Kind nimmt alle Eindrücke von außen wie ein Schwamm auf – ungefiltert und ohne die nötige Distanz. Dies gilt auch für Gewaltszenen im Fernsehen. Im schlimmsten Fall kann es passieren, dass das Kind gewalttätige Eindrücke aufnimmt, bis sein „Maß des Erträglichen" erreicht ist. Was dann folgt, ist eine „aggressive Überreaktion". Das Kind ist nicht etwa aggressiv, weil dies seinen Anlagen entspricht, sondern weil sich zu viel aggressiver Druck von außen angesammelt hat, der nun abgelassen werden will. Aggressive Verhaltensweisen eines hochsensiblen Kindes sollte man also stets mit größter Sorgfalt betrachten. Oft ist eine enorme seelische Bedrängnis die

Ursache dafür, dass ein hochsensibles Kind gewalttätig wird. Aber auch verbale, unterschwellige Aggressionen, beispielsweise der Eltern, nimmt das Kind auf und setzt diese in Aktion um. In einigen Fällen bringt Gewalt sogar die Sehnsucht nach Liebe und Aufmerksamkeit zum Ausdruck.

Ein weiterer Störfaktor für hochsensible Kinder heißt Umweltbelastung im weitesten Sinne. Dazu gehören Elektrosmog, geopathische Zonen am Schlafplatz, Lärm, Funkwellen, Röntgenstrahlen, Pflanzenschutzmittel, Ozon, Impfbelastungen und so weiter. Viele dieser Faktoren, die für hochsensible Kinder zu einer ernsthaften Belastungsprobe werden können, sind für die erwachsenen Begleiter dieser Kinder nicht unmittelbar erkennbar. Hochsensible Kinder reagieren oft auch sehr heftig auf Verletzungen ihrer hygienischen und ästhetischen Rituale. Das sollten Erwachsene stets respektieren. Kinder sind uns anvertraut und es ist unsere Pflicht, sie nicht nur liebevoll schützen, sondern auch zu achten und dafür zu sorgen, dass sie in einer für sie förderlichen Atmosphäre aufwachsen können.

Spirituelle Belastungen

Ein Thema, das nur sehr zögerlich und ungern behandelt wird, ist das der spirituellen Belastungen. Je mehr sich ein Therapeut mit Naturheilkunde und feinstofflichen Energien beschäftigt, desto mehr kommt er auch mit der Schattenseite der feinen Energien in Kontakt. Da wir in einer Welt der Polaritäten leben, sind wir ständig von unterschiedlichen Energien umgeben. In der Regel ziehen gute Gedanken und Taten auch gute Energien an. Aber leider gibt es auch die andere Seite der Medaille.

Immer wenn sich zwei Menschen füreinander öffnen (vom Zeitpunkt der Geburt an), werden energetische Bänder zwischen den Energiefeldern der betreffenden Personen geknüpft. Durch diese Bänder sind wir Menschen miteinander verbunden (besonders mit Eltern, Geschwistern und anderen Familienmitgliedern). Ein Neugeborenes hat diese Verbindung in jedem Fall mit seinen Eltern. In belastenden Trennungssituationen, zum Beispiel bei einer Scheidung, müssen diese Bänder von einem erfahrenen Heiler oder einer Heilerin durchtrennt werden. Wenn das nicht geschieht, bringt die Trennung wenig Verbesserung auf der emotionalen Ebene. Andererseits kann das Durchtrennen dieser Bänder (die oft karmische Verbindungen darstellen) eine Scheidung oder Trennung auch völlig überflüssig machen, weil damit die belastenden Elemente aus der Beziehung entfernt wurden.

So wie reine positive Gedankenenergie (Gebete, Segenswünsche, Heilmeditationen etc.) unbestreitbar viel Gutes bewirken kann, kann trübe negative Gedankenenergie (Verwünschungen) Schaden anrichten. Negative Energien sind sozusagen die „Rückseite" der positiven, und das im wahrsten Sinne des Wortes, weil sie meist versteckt ausgeschickt werden, also hinter dem Rücken der Person, die sie treffen sollen. Hochsensible Kinder sind nicht selten die Zielscheibe solcher Energien, und zwar einfach deshalb, weil sie sich schlecht abgrenzen können, weil ihr Energiefeld nicht stabil genug ist.

Ein stabiles Energiefeld, auch Aura genannt, bietet einen sicheren Schutz vor magischen Angriffen und allen möglichen Manipulation von außen. Geschwächt wird das Energiefeld durch Einflüsse von außen, wie übermäßigen Fleisch-, Milch- und Zuckerkonsum, Wassermangel, Schlafmangel, Strahlenbelastung, Stress, aber auch durch Sorgen und Ängste sowie einen Mangel an Vertrauen in die eigenen Fähigkeiten. Das kann durch eine gesunde Lebensweise und gleichzeitige Stärkung des Selbstbewusstseins ausgeglichen werden.

Glücklicherweise stehen die meisten hochsensiblen Kinder unter einem sehr starken Schutz im Mutterleib und auch später. Es gibt aber auch jene seltenen Fälle, in denen Unruhezustände im Kleinkindalter höchst destruktive Züge annehmen. Wenn Dreijährige plötzlich ohne ersichtlichen Grund im Bus oder in der Straßenbahn fremde Leute anfallen und ihnen Bisswunden zufügen, sollte so schnell wie möglich Hilfe bei speziellen Therapeuten gesucht werden. Wenn ein Kinderpsychologe nicht weiterhelfen kann, sind spirituelle Belastungen nicht auszuschließen. Dann sollte man einen erfahrenen Heiler aufsuchen, der solche Belastungen lösen kann. Es gibt Fälle, in denen Säuglinge schon im Mutterleib von fremden Seelen besetzt werden. Diese Seelen, die den Übergang in die geistige Welt nicht geschafft haben, heften sich sozusagen an ein Kind und behindern es in seiner freien Entwicklung. Dann gilt es, diese Seele zu „erlösen“ und ihr beim Übergang in die geistige Welt zu helfen.

Wenn die Seele weint

Wer mit Kindern arbeitet, weiß, wie schwierig es zuweilen ist, Beschwerden zu behandeln, denen möglicherweise ein seelischer Konflikt zugrunde liegt. Es ist normal, dass Kinder in Wachstums- und Reifungsphasen ab und zu Alpträume haben und nachts aufwachen. Wenn dies jedoch öfter vorkommt, sollten Sie fachliche Hilfe für Ihr Kind in Anspruch nehmen. Manche Beschwerden werden auch von Wassermangel, Erschöpfung/Müdigkeit oder kalten Füßen verursacht. Da hochsensible Kinder einen festen Rhythmus brauchen, kommt es unweigerlich zu Störungen der Befindlichkeit und zu ernsten Beschwerden, wenn dieser Rhythmus gestört ist oder die vertraute Umgebung fehlt. Auch in puncto Liebe und emotionale Verlässlichkeit sind hochsensible Kinder sehr empfindlich. Hier kann sich die pure Angst vor bevorstehenden „Unregelmäßigkeiten" in körperlichen Beschwerden niederschlagen. Solche „Unregelmäßigkeiten" können ein bevorstehender Krankenhausaufenthalt der Mutter, ein geplanter Umzug, ein längerer Urlaub und so weiter sein.

Zähneknirschen im Schlaf ist ein deutliches Anzeigen für Stress, der nachts „abgearbeitet"" wird. Nägelkauen hat immer mit Ängsten und Nervosität zu tun, während Bettnässen ein oft anzutreffendes Symptom bei hochsensiblen Kindern ist, die unter emotionalem Stress leiden. Spannungen und unausgesprochene Konflikte in der Familie, die ein hochsensibles Kind sehr deutlich wahrnimmt, belasten es enorm. Viele Eltern haben weder eine Ahnung, wie feinfühlig ihr Kind ist, noch sprechen sie mit dem Kind über das, was sie belastet, und dennoch spürt das Kind die vorhandene Disharmonie und leidet darunter. Manche Kinder nehmen sogar die „Schuld" für die Disharmonie zwischen den Eltern auf sich und sind fest davon überzeugt, dass der familiäre Konflikt etwas mit ihnen zu tun hat. Das klingt zwar absurd, ist aus der Sicht eines hochsensiblen Kindes aber durchaus verständlich. Das Kind hat nämlich mittlerweile selbst gemerkt, dass es „anders" ist als andere Kinder und sieht in seiner „Andersartigkeit" unter Umständen einen möglichen Grund für die Disharmonien der Eltern. Versuchen Sie auf jeden Fall, mit dem Kind über Ihre Probleme zu sprechen. Für viele Kinder bedeutet das eine große Erleichterung.

Viele hochsensible Kinder leiden unter häufigen Bauchschmerzen. Die Ursachen dafür können sehr vielfältig sein: Unterkühlung, Müdigkeit, Ernährungsfehler, geopathische Störzonen am Schlafplatz und chronische Infekte des Verdauungsapparates. Die häufigsten Ursachen sind jedoch seelische Faktoren (Stress in der Schule oder in der Familie) und Darmpilze. Letztere müssen mit Diät, Nystatin und einem systematischen Aufbau der Darmflora behandelt werden. Darmpilze schwächen das Immunsystem und können ihrerseits Kopfschmerzen, Müdigkeit, Konzentrationsstörungen, Neurodermitis, Allergien und Aggressivität verursachen. Daher sollte bei allen Kindern mit Bauchschmerzen zunächst eine Darmmykose (Darmpilz) ausgeschlossen werden. Pilze vermehren sich sehr schnell, besonders wenn sie Zucker bekommen. Zuerst sind sie im Darm aufzuspüren und erst sehr viel später machen sie sich auch an Haut und Schleimhaut bemerkbar (Fußpilz, Soor im Mund, Candida albicans und so weiter). Durch ihren Stoffwechsel produzieren diese Pilze geringe Mengen Alkohol, der wiederum zu einer Leberbelastung und einem leichten Blutalkohol bei den betreffenden Kindern führt. Alkohol blockiert das Nervensystem und verursacht Schädigungen der Nervenzellen.

Der größte Förderer von Darmpilzen ist die Therapie mit Antibiotika. Durch die häufige Verabreichung von Antibiotika werden physiologische Darmbakterien aus der Darmflora zerstört. Aus Kostengründen oder Unkenntnis wird es meist unterlassen, während oder nach der Therapie mit Antibiotika natürliche Darmbakterien zu verabreichen. Die Folgen sind ein gestörtes Darmmilieu und sich rasch vermehrende Darmpilze, die immer in geringer Menge mit der Nahrung aufgenommen werden oder sich bereits im Darm aufhalten. Diese Darmpilze vermehren sich sehr schnell, besonders wenn die physiologische Darmflora nicht intakt ist. Viele Kinder, die an Allergien und Neurodermitis leiden, haben auch einen Darmpilz, der in den meisten Fällen jedoch weder diagnostiziert noch fachgerecht behandelt wird.

Dauerstress war der Verursacher von Bauchschmerzen bei einem hochsensiblen Kind, das mit seiner Mutter in meine Praxis kam. Die Mutter berichtete, dass das Kind sehr ungern zur Schule gehe und oft Bauchschmerzen habe. Die Schulleistungen seien gut und sie habe das Gefühl, das Lernen mache dem Kind großen Spaß. Im Verlauf der Behandlung berichtete das Kind von älteren Mitschülern, die ihm regelmäßig auf dem Nachhauseweg auflauerten, es belästigten und manchmal sogar schlugen. Die Mutter wusste von dem Vorfall, der sich „fast täglich" wiederholte, reagierte jedoch sehr gelassen darauf. Ich fragte sie, wie sie sich wohl fühlen würde, wenn sie jeden Tag, zum Beispiel nach dem Einkaufen, überfallen und geschlagen würde. Würde ihr dann nicht auch die Lust am Einkaufen vergehen? Ich bat die Mutter, dieses Problem umgehend durch selbstbewusstes Einschreiten zu lösen. Das tat sie noch am nächsten Tag. Das Kind wurde von da an nie mehr belästigt und die Bauchschmerzen waren verschwunden.

Es ist äußerst wichtig, chronische Beschwerden von Kindern ernstzunehmen. Gerade hochsensible Kinder orten mit ihrer feinen Wahrnehmung oft schon kleinste Disharmonien in ihrem Umfeld und sind entsprechend anfällig für die unterschiedlichsten Beschwerden. Für die Erwachsenen, die mit einem solchen Kind zusammen sind, bedeutet das immer, die eigenen Sinne zu schärfen und offen zu sein für das, was das Kind wahrnimmt. Hochsensible Kinder lehren uns, wacher und sensibler durchs Leben zu gehen. Und wer das versucht, wird reich belohnt.

Ein sensitives Leben bereichert uns alle, und der Weg dorthin ist leichter als Sie denken. Fangen Sie einfach an, Ihr Umfeld, die Mitmenschen und alles, was sie umgibt, zu „erspüren“ statt sie mit dem kritischen Verstand wahrzunehmen. Wenn Sie sich unterhalten, „erspüren“ Sie die Stimmung Ihres Gegenübers, und Sie werden völlig überraschende Eindrücke gewinnen. Vertrauen Sie Ihrer Intuition. Natürlich werden Sie nicht immer nur „seelische Höhenflüge“ erleben, aber mit der Zeit werden Sie auf diese Weise immer mehr eindrucksvolle Erlebnisse haben. Dies wiederum schärft nicht nur Ihr Wahrnehmungsvermögen, sondern trägt auch dazu bei, dass Sie Ihre Umgebung wacher und bewusster erleben. Nach einiger Zeit werden Sie zu der Erkenntnis gelangen, dass Ihr Leben bunter und abwechslungsreicher geworden ist. Dieses Bewusstsein eröffnet Ihnen völlig neue Wege.

Hochsensible Kinder und Spannungen in der Familie

Wir Menschen bekommen durch die Kümmernisse und Lektionen des Lebens den nötigen Feinschliff. Schmerzt auch der „Schleifvorgang" in Krisensituationen, so freuen wir uns später doch über den Glanz, der dadurch entstanden ist.

Antje Gertrud Hofmann

Für hochsensible Kinder bedeutet es sehr viel, wenn Mama und Papa gemeinsam eine liebevolle Atmosphäre schaffen, denn sie haben ein sehr feines Gefühl für liebevolles Miteinander und emotionalen Gleichklang. Es ist jedoch nicht immer leicht, diesen idealen Zustand dauerhaft aufrechtzuerhalten. In allen Partnerschaften gibt es Höhen und Tiefen und immer wieder Meinungsverschiedenheiten und Krisen, die bearbeitet werden müssen. Auch wenn beide Partner sehr um Harmonie und emotionalen Gleichklang in ihrer Verbindung bemüht sind, gehen ihre Ansichten darüber, wie diese Harmonie zu erreichen ist, oft sehr auseinander. Männer sind oft eher zurückhaltend, wenn es um die Erarbeitung eigener Lösungsmöglichkeiten geht, während Frauen leider viel zu schnell und viel zu bereitwillig die „Schuld" an einer Krise auf sich nehmen. Sie sind oft auch diejenigen, die zuerst Hilfe von außen suchen.

Dadurch, dass die Partner bei der Lösung einer Krise oft so unterschiedliche Wege gehen, wird der Heilungsprozess unnötig in die Länge gezogen. Erschwerend kommt hinzu, dass nicht immer geeignete Helfer zur Stelle sind, um das Paar zu begleiten. Und immer sind es die Kinder, die zwischen den Fronten stehen und mit ansehen müssen, wie sich die beiden Menschen, die sie am liebsten haben, in Streit und Zank gegeneinander aufreiben. Dies ist sehr schmerzhaft für jedes Kind.

Kinder sind das Ergebnis einer liebevollen Verbindung zwischen zwei Menschen, und hochsensible Kinder spüren sehr genau, dass sie von jedem Elternteil eine liebende Hälfte in sich tragen. Während sich die beiden äußeren Hälften im Alltag ständig schwere Gefechte liefern, durchlebt das Kind einen innerseelischen Konflikt und gerät zwischen die Fronten wie jedes Kind, dessen Eltern sich streiten, nur dass dies bei einem hochsensiblen Kind sehr viel früher und weitaus intensiver geschieht als bei anderen Kindern. Hinzu kommt, dass hochsensible Kindern mit einem solchen Konflikt deutlich schlechter umgehen können als andere Kinder, die meist durchaus in der Lage sind, die Spannungen immer wieder abzubauen.

Hochsensible Kinder erspüren den Konflikt, der sich zwischen ihren Eltern anbahnt, lange bevor er diesen überhaupt bewusst wird. Dann dauert es meist noch eine ganze Weile, bis einer der Beteiligten Hilfe von außen sucht oder bis der Konflikt zu einer Trennung führt. Zu diesem Zeitpunkt zeigt das hochsensible Kind bereits deutliche Auffälligkeiten wie Konzentrationsstörungen, Schlafstörungen, Müdigkeit, Infektanfälligkeit und so weiter. Leider wird in der Regel kein Zusammenhang zwischen diesen Problemen des Kindes und dem Konflikt der Eltern gesehen.

Hochsensible Kinder und ihre Mütter

Ein hochsensibles Kind braucht eine selbstbewusste, innerlich gefestigte, aber auch gefühlvolle Mutter, die ihm die nötige liebevolle Führung geben kann. Es wäre wünschenswert, wenn das Kind neben der Mutter auch noch andere Bezugspersonen hätte, die innerlich gefestigt sind und mit viel Bewusstheit handeln. Das Problem vieler hochsensibler Kinder ist nämlich ein Mangel an Selbstbewusstsein. Und leider ist dieser Mangel an Selbstbewusstsein oft auch das Problem ihrer Mütter.

Die meisten Frauen, die heute Kinder haben, sind in ihrer eigenen Kindheit nicht genügend wertgeschätzt worden. Lieb und nett sollten sie sein und ihre eigenen Wünsche und Bedürfnisse möglichst zurückstecken oder sogar leugnen. Wenn diese Frauen im Erwachsenenalter auf einen Partner treffen, der Ähnliches von ihnen erwartet, was sehr oft geschieht, setzt sich das Spiel unbemerkt fort. Frauen, deren Partner sie nicht entwerten, tun dies manchmal unbewusst selbst, indem sie in der Partnerschaft und auch als Mutter grob fahrlässig ihre Bedürfnisse und Wünsche unterdrücken, auch den Wunsch nach Anerkennung und Wertschätzung. Dies führt langfristig mit Sicherheit zu chronischer Resignation, die sich in Müdigkeit, Aggressionen, Interesselosigkeit, Übergewicht, Depressionen, Migräne und so weiter zeigen kann. Ein hochsensibles Kind spürt sehr deutlich, dass seine Mutter nicht glücklich ist. Es versucht auszugleichen, zu harmonisieren und auch noch die Schuld auf sich zu nehmen. Diesen Kindern und ihren Müttern sitze ich oft in meiner Praxis gegenüber. Die Mütter sind natürlich ihrer Kinder wegen gekommen, ab eigentlich sind sie es, die einfühlsame Hilfe und Zuspruch brauchen.

Ich erinnere mich an eine junge Mutter mit dreißig Kilo Übergewicht und massiver Akne im Gesicht, die mir unansehnlich gekleidet und völlig deprimiert gegenübersaß und erzählte, dass ihr Mann am Wochenende nicht von der Montage nach Hause komme, weil er

„so viel zu tun habe". Sie und die Kinder litten sehr darunter, doch sie könne ja verstehen, dass ihr Mann seinen Arbeitsplatz nicht verlieren wolle. Die Auffälligkeiten des Kindes (HSC-Symptome mit Unruhe und Konzentrationsstörungen) machten deutlich, dass es sich zu Hause nicht wohl fühlte. Die „Wahrnehmungsstörungen" der Eltern konnten also bei dem Kind diagnostiziert werden. Gleichzeitig war klar erkennbar, dass etwas mit der Mutter passieren musste. Sie hatte weder Hobbys noch Freunde, da beide Kinder klein und sie erst neu eingezogen waren. Sie befand sich in einer destruktiven Abwärtsspirale und brauchte dringend Hilfe.

Wenn eine Mutter ihre Selbstsicherheit, ihren Selbstwert und eine gehörige Portion Eigenliebe zurückgewinnt, hat dies enorme Auswirkungen auf die Seele ihres hochsensiblen Kindes. Geht es der Mutter nicht gut, so leidet auch das Kind. Wenn die Mutter ihre Weiblichkeit (Kreativität, Lust, Körperlichkeit und so weiter) ausleben kann, ist sie vital, beweglich, erfüllt und glücklich. Manche Mütter führen tausend Gründe und missliche äußere Umstände an, wenn sie erklären, warum ihnen dieses und jenes im Leben nicht (mehr) möglich ist (Sport, Hobbys etc.). Bei genauer Betrachtung steckt meist nicht mehr dahinter als die Angst vor Veränderung, der sich mit schöner Regelmäßigkeit die tiefe Sehnsucht nach

Selbstverwirklichung in den Weg stellt. Die große Unzufriedenheit, die sich einstellt, wenn die Sehnsucht nach Selbstverwirklichung ständig unterdrückt wird, lässt sich vielleicht ein paar Jahre lang mit Ersatzbefriedigungen besänftigen (Essen, Fernsehen, Schokolade usw.), doch irgendwann braut sich ein Gewitter zusammen. Dann kommt es zu einer Krise oder sogar zu einer schweren Krankheit.

In dem oben beschriebenen Zustand ist eine Frau mit einer wilden Tigerin vergleichbar, der man kurzfristig das Maul verbunden hat, damit sie keine Kämpfe austrägt, bei denen Blut fließen könnte. Doch irgendwann bricht diese Naturgewalt hervor und die Frau entdeckt die große befreiende Kraft, die sich plötzlich „Luft und Freiraum" verschafft. Manchmal brechen auch aggressive und depressive Persönlichkeitsanteile hervor, aber gleichzeitig spürt die Frau ganz deutlich, wie ihre Ängste verschwinden und wie sich eine starke weibliche Kraft ihren Weg in die Freiheit bahnt. Wohl dem, dessen Rückgrat jetzt stark genug ist, um nicht von dieser Kraft überwältigt zu werden. Es kann sein, dass diese Urgewalt nun auf dem beruflichen, privaten und partnerschaftlichen Schlachtfeld gewaltsam ihr Recht einfordert. Eine solche radikale Wende im Leben einer Frau findet meist statt, wenn sie zwischen 40 und 42 Jahre alt ist, und meist kann die betreffende Frau das Geschehen weder beeinflussen noch steuern.

Auch für diesen Strudel der Gefühle, der seine Mutter mitreißt, hat das hochsensible Kind sehr feine Antennen – mit dem Resultat, dass es schon sehr früh in diesem Prozess unter Kopfschmerzen, Magenschmerzen und Schlaflosigkeit leidet. Diese Symptome habe ich bewusst gewählt, weil sie bei vielen hochsensiblen Kindern in Zusammenhang mit den herannahenden „Wechselzeiten" ihrer Mütter auftreten, vergleichbar mit einem „Frühwarnsystem für Wirbelstürme". Und weil dieses Frühwarnsystem von heute auf morgen Alarm schlagen kann, ist es in einigen Fällen erforderlich, das Kind in kürzeren Intervallen zu behandeln, um ihm rasch und rechtzeitig Hilfe anbieten zu können.

Trennungstendenzen der Eltern und wie hochsensible Kinder damit umgehen

Ich habe mit vielen Frauen und Männern gesprochen, die momentan in einer unglücklichen Ehe oder Beziehung leben und sich auch mit der Möglichkeit einer Trennung auseinandergesetzt haben. Manche Paare konnten sich eine Trennung zwar als Lösung vorstellen, hatten aber doch Bedenken, ob dies letztlich der richtige Schritt sei. Viele Paare trennen sich aus einer starken emotionalen Anspannung heraus – in der Regel zu früh. Andere Paare gönnen sich ein paar Jahre des Abwartens und Loslassens, was manchmal überraschend positive Resultate bringt.

Es ist unbestritten, dass eine Trennung in der Regel mehr Schmerz verursacht als die Ehekrise, die dazu geführt hat. Dennoch wollen sich die meisten Paare keine Zeit für Besinnung und innere Einkehr nehmen, weil das auch bedeuten würde, dass sie sich stärker als zuvor mit sich selbst konfrontieren müssten. Das kann sehr schmerzhaft sein. Demgegenüber halten viele eine schnelle Trennung für schmerzlos oder zumindest für ein gutes Mittel, um das angespannte Schmerzempfinden zu lindern. Doch vielfach ist genau das Gegenteil der Fall. Zudem fehlt es den meisten Paaren an der Einsicht, dass die Entscheidung für eine Trennung trotz des Schmerzes und der Verletzungen einige Zeit erfordert und sogar erfordern muss.

In diese Gefühls- und Stimmungsturbulenzen eines Paares, die sich in der Regel auch im seelischen Untergrund der Beteiligten abspielen, mischen sich dann oft auch noch gut gemeinte Ratschläge aus dem Umfeld. Das ist natürlich sehr riskant, weil es die eigene Urteilsfähigkeit der Betroffenen nachhaltig einschränkt. Wenn die Partner mitten im Gefühlschaos stecken, kann es leicht passieren, dass hinzugezogene Berater und Freunde die Entscheidung für eine Trennung unbewusst ganz entscheidend beeinflussen. Rat von außen sollte nur in einfühlsamer und positiver Form gegeben werden, zum Beispiel, um dem Paar verschiedene Lösungsmöglichkeiten aufzuzeigen, aber niemals sollten Begleiter zu einer Trennung raten.

Es hat einen „tieferen Sinn“, dass ein Paar zusammengekommen ist und Kinder hat. Dieser Sinn besteht darin, dass diese beiden Menschen hier und jetzt etwas erlernen oder erarbeiten sollen. Erst wenn dieser Prozess abgeschlossen ist, kann in Ruhe über Trennung entschieden werden. In diesem Lernprozess geht es in erster Linie darum, dass jeder der Partner seinen eigenen Weg zu gestalten lernt. Klare Lebenslinien müssen neu formuliert werden, Grenzen müssen neu gezogen werden – nicht nur in der Partnerschaft, sondern auch im Umfeld der Betroffenen. Altes muss entrümpelt werden, damit Platz für Neues entsteht. Und dann müssen die Minen auf dem Schlachtfeld des Paares entschärft werden. Beide müssen sich die gegenseitig zugefügten Verletzungen verzeihen und beide müssen sich selbst vergeben. Wenn sie sich dann in Liebe trennen können, ist alles in Ordnung. Geschieht das nicht, so entsteht lang anhaltender Schmerz im Unterbewusstsein der Partner, ein Schmerz, den auch die Kinder spüren und unter dem sie leiden.

Am Ende dieses langen Prozesses kann dann eine Entscheidung getroffen werden, die in der

Regel auch für die Kinder positiv ist. Überraschenderweise sind die anfangs getroffenen Entscheidungen dann plötzlich hinfällig geworden. Jedes Paar, das diesen Wandlungsprozess durch eine überschnelle Trennung umgehen will, wird beim nächsten Partner vor die gleiche Problematik gestellt. Dies geschieht so lange, bis der Lernstoff „durchgearbeitet" wurde. Davonzulaufen mag nach zahlreichen Verletzungen und Tiefschlägen eine verständliche Reaktion sein, aber im Nachhinein war sie eigentlich nie die beste.

Ich werde oft gefragt, ob es für ein Kind nicht schlecht sei, in zerrütteten Familienverhältnissen zu leben. Es sei doch sicher besser, sich im Interesse des Kindes für eine Trennung zu entscheiden. Doch meist liebt ein Kind beide Elternteile von ganzem Herzen und hat nur einen Wunsch, nämlich dass Mama und Papa sich wieder vertragen. Auf der anderen Seite ist es für ein Kind sehr schmerzhaft, wenn es Liebe und festen Halt einbüßen muss. Es muss sich auf seine Eltern verlassen und sicher sein können, dass es keinen von beiden plötzlich verlieren wird. Dies gilt auch für emotionale Verluste. Das „plötzliche Verschwinden" eines Elternteils ist für ein Kind katastrophal.

Wenn ein Kind jedoch das Gefühl hat, dass seine Eltern emotional verlässlich sind, kann es auch Krisen in deren Beziehung gut verkraften. Das bedeutet natürlich auch, dass Eltern an sich arbeiten müssen, um ihre innere Stabilität und Liebesfähigkeit zu festigen, und das trotz der Konflikte mit dem Partner. Und genau darin besteht die ungeheure Lernaufgabe! Ein hochsensibles Kind, das zusammen mit seinen Eltern durch eine solche Krise gegangen ist, kann auf jeden Fall in gewissem Umfang mit Konflikten und Streit umgehen, und das ist wichtig, denn auch Konflikte gehören zum Leben, während Konfliktflucht die persönliche Weiterentwicklung behindert. Für getrennt lebende Paare, die mich fragen, inwieweit die Trennung der Eltern dem Kind schaden könne, habe ich die gleiche Antwort: Wenn beide Eltern dem Kind auch weiterhin Klarheit, Liebe, Verlässlichkeit und festen Halt bieten, wird es die Trennung der Eltern trotz aller Schwierigkeiten gut überstehen.

Gemeinsame Kinder bilden ein sehr starkes Band zwischen einem Paar, auch wenn die beiden geschieden sind oder nicht mehr zusammenleben. Dieses energetische Band bleibt über viele Jahre und Jahrzehnte bestehen, auch wenn der eine oder andere so Verbundene, meist die Kinder, mühsame Lösungsarbeit betreibt, um das Band abzustreifen. Das Band ist so dauerhaft, weil in jedem Kind ein Teil seiner beiden Eltern weiterlebt. Kinder werden in einem hohen Schwingungsbereich, in den Sphären der Liebe, von zwei liebenden Menschen geschaffen. Alle weltlichen Versuche, diese Tatsache zu leugnen, müssen scheitern. Die schmerzhaften Trennungsprozesse, die viele Paare durchlaufen, machen deutlich, dass Ehen oder Partnerschaften in der Tat meist im „Himmel“ (in der geistigen Welt) geschlossen werden, während ihr Scheitern oft von den niedrigen Schwingungen auf der Erde begünstigt wird.

Diese Schwingungsdifferenz erklärt auch das Unvermögen vieler Menschen, in niedrig schwingender Umgebung dauerhaft höhere Schwingungsenergien (z. B. Liebe, Friede, Vergebung usw.) zu erzeugen und beizubehalten. Auch das ist eine Aufgabe für uns Menschen und vor allem für die, die täglich mit hochsensiblen Kindern zu tun haben.

Hilfe und Unterstützung für hochsensible Kinder

Sind hochsensible Kinder grundsätzlich behandlungsbedürftig oder brauchen sie eine Therapie? Diese Frage kann ich weder mit einem klaren Ja noch mit einem Nein beantworten und möchte Ihnen in diesem Kapitel erklären, warum das so ist.

Hochsensible Kinder brauchen, wie bereits mehrfach erklärt, festen Halt, Liebe und ein spirituelles Angebot, das heißt konkret: eine liebevolle Führung, die auf ihre besonderen Eigenschaften Rücksicht nimmt. Aber auch Eltern und Pädagogen brauchen Unterstützung und vor allem fundierte Informationen über die besonderen Bedürfnisse hochsensibler Kinder.

Ein Therapeut, der es in der Regel mit einem Kind und dessen Eltern oder einem Elternteil zu tun hat, braucht neben seinem medizinischen oder pädagogischen Fachwissen viel Einfühlungsvermögen, innere Stabilität und eine gewisse Sensitivität oder eine gute Intuition. Seine Anamnese kann mit der Arbeit eines Detektivs verglichen werden, der bei der Spurensuche selbst kleinste Details blitzschnell und haargenau erfasst, bis er ein stimmiges Bild des „Falls“ vor Augen hat. Manchmal gelingt das schon in der ersten Sitzung, manchmal dauert es etwas länger. Je gelöster und wacher der Therapeut ist, desto schneller stellen sich Behandlungserfolge ein – sowohl bei den betroffenen Kindern als auch bei ihren Eltern. Denn auch das Einfühlungsvermögen der Eltern ist in höchstem Maße gefragt, wenn die Behandlung des Kindes auf Dauer erfolgreich sein soll.

Oft suchen Eltern mit einem hochsensiblen Kind einen Therapeuten auf, der die Probleme des Kindes behandeln soll. Doch schon bald zeichnet sich im Hintergrund des Geschehens ein unbewusster oder unbearbeiteter Konflikt zwischen den Eltern ab, über den diese nicht sprechen wollen oder glauben nicht sprechen zu können. Doch das sensitive Kind hat den Konflikt längst erspürt und trägt ihn gewissermaßen innerlich aus. Dieser Prozess kann sich sehr lange hinziehen und baut eine Menge Stress in dem hochsensiblen Kind auf. Vielleicht versuchen die Eltern lange Zeit, den Konflikt durch Überbetonung eines bestimmten Lebensbereichs zu überdecken (Arbeit, Konsum, Essen, Fernsehen und so weiter), aber mit der Zeit stauen sich die Emotionen, die Enttäuschungen häufen sich und die ganze Thematik bekommt eine Eigendynamik, die nicht mehr aufzuhalten ist.

Ein Therapeut sollte niemals das Bestreben haben, die Eltern eines ihm anvertrauten Kindes bloßzustellen. Vielmehr sollte er dem Kind und seinen Eltern als einfühlsamer Helfer und Begleiter zur Verfügung stehen. Das setzt natürlich voraus, dass ihm auch die Eltern mit der nötigen Offenheit begegnen und bereit sind, ihre eigenen Sinne zum Wohl ihres Kindes zu schärfen. Bei vielen Eltern ist dieser Prozess bereits in vollem Gange. Sie sind auf dem besten Wege, sich ihre eigene Sensitivität zurückzuerobern. Das erste Ergebnis dieses Rückeroberungsprozesses ist, dass sie anfangen, ihr eigenes Leben zu überdenken und eventuelle Korrekturen vorzunehmen. Das kann sehr schmerzlich sein und manchmal ist es besser, in dieser Zeit fachkundige Hilfe in Anspruch zu nehmen. Helfer können sowohl Therapeuten als auch Menschen mit viel Lebenserfahrung sein.

Es hat sich übrigens auch herausgestellt, dass hochsensible Kinder besonders gut mit älteren Menschen harmonieren, was möglicherweise an einer Ähnlichkeit im Bereich der Seelenschwingung liegt. Ich halte es für wichtig, dass ältere und junge Mitglieder einer Gesellschaft möglichst oft miteinander in Kontakt kommen.

Fester Halt und eine gewisse Stabilität im Leben bilden die sichere Basis für das Gedeihen dieser Kinder und dafür, dass ihre Seele in Freude wachsen und sich entwickeln kann. Das bedeutet jedoch nicht, dass man hochsensible Kinder in Watte packen muss, um sämtliche Probleme und Konflikte von ihnen fernzuhalten. Damit würde man lediglich ihre Entwicklungsmöglichkeiten einschränken. Es geht vielmehr darum, ihre Selbstständigkeit und ihr Selbstbewusstsein zu fördern. Nach jedem Misserfolg muss ein hochsensibles Kind aufgefordert werden, es noch einmal zu versuchen – immer mit der liebevollen und verlässlichen Begleitung der Eltern. Das setzt natürlich ein entsprechendes Maß an innerer Stabilität bei den Eltern voraus. Oder besser gesagt: bei den Müttern. Eine Mutter kann ihrem Kind besser den Rücken stärken, wenn sie etwas für die Stärkung ihres eigenen Rückgrats tut.

Liebevolle und gleichzeitig starke Führung ist auch in den Schulen dringend erforderlich. Leider verweisen Lehrer, wenn es um das Thema „liebevolle Führung" geht, gern auf das Elternhaus und erklären sich selbst für nicht zuständig. Auf der anderen Seite ist es eine schlichte Tatsache, dass schon Grundschüler mindestens einen halben Tag in der Schule verbringen und in dieser Zeit sehr wohl erwarten dürfen, dass auch ihre emotionalen Bedürfnisse befriedigt werden. Es geht hier keineswegs darum, dass die emotionale Zuwendung, die eigentlich von den Eltern kommen sollte, von den Lehrern erbracht wird, sondern lediglich darum, die Schule für die Kinder „emotional annehmbarer" zu machen. Lehrkräfte sind nicht nur automatisierte staatliche Instanzen oder willige Vollstrecker des Lehrplans, sie tragen auch eine emotionale Verantwortung, genau wie alle anderen Ausübenden eines sozialen Berufs. Schulen sind humanitäre Einrichtungen, auch wenn das manchmal vergessen wird. Für Lehrer gilt also genau das, was wir im vorangegangenen Abschnitt über Eltern gesagt haben. Es ist ihre Aufgabe, den Kindern auch Herzensbildung angedeihen zu lassen. Und hochsensible Kinder oder Kinder, die nicht in das übliche Schema zu passen scheinen, brauchen besondere Aufmerksamkeit und besonders viel liebevolle Führung. Es ist wichtig, sie immer wieder neu zu motivieren, zu stärken und zu eigenverantwortlichem Handeln aufzufordern. Wenn ihnen etwas gelingt, muss man ihnen Lob und Anerkennung aussprechen und sie damit weiter motivieren. All das setzt natürlich auch bei Lehrern ein entsprechendes Maß an eigener innerer Stabilität voraus.

Für den Therapeuten eines hochsensiblen Kindes ist es grundsätzlich immer sehr wichtig, möglichst viele Informationen über das Umfeld seines kleinen Patienten zu bekommen. Dafür kann er unter anderem den Grundriss der elterlichen Wohnung oder des Hauses heranziehen. Nach der chinesischen Feng-Shui-Lehre ist unser Umfeld, also unsere Wohnung oder unser Haus, immer ein Abbild unserer momentanen Lebenssituation. Wenn das Chi (die Energie) in den Räumen frei zirkulieren kann, kann auch unsere Lebensenergie kraftvoll und frei fließen, und unser Leben nimmt einen positiven Verlauf. Doch wann immer ein Mensch unter Disharmonien und Stresszuständen und ganz besonders unter geopathischen Belastungen leidet, sollte ein erfahrener Feng-Shui-Therapeut einen Blick auf den Grundriss seiner Wohnung werfen und eventuelle Störfaktoren durch geeignete Maßnahmen beseitigen. Kleinere Veränderungen in einem Raum oder in der Wohnung haben oft überraschende Veränderungen der individuellen Lebenssituation zur Folge.

Wenn ein hochsensibles Kind bei der Untersuchung eine geopathische Belastung anzeigt, so heißt dies, dass in seinem persönlichen Umfeld etwas „nicht stimmt." Das Bett, die Ruhestätte steht nicht am „rechten Ort". Und das bedeutet, dass das Kind in der Familie beziehungsweise in seinem persönlichen Umfeld nicht den rechten Platz einnimmt. Zwei Fallbeispiele sollen dies illustrieren.

Rebecca, 9 Jahre, ein Bruder, 4 Jahre, eine Schwester, 6 Jahre alt;
die Eltern besitzen und leiten einen großen Betrieb.

Die Eltern kommen mit Rebecca in meine Praxis, weil sie typische HSC-Symptome aufweist. Während der Behandlung stellt sich heraus, dass eine geopathische Belastung vorliegt. Ich erkläre den Eltern, dass ein geobiologischer Berater den Schlafplatz des Kindes untersuchen müsse und dass eventuell ein besserer gefunden werden muss. In meiner Behandlung lege ich den Schwerpunkt auf die Aufhebung der neuralen und osteopathischen Blockaden, doch abschließend schaue ich mir noch den Grundriss der Wohnung an, in der die Familie lebt. Die Auswertung ergibt, dass der kleine Bruder sehr viel Aufmerksamkeit bekommt. Weil er in der Vorstellung der Eltern bereits der Firmennachfolger und Juniorchef ist, hat er den Platz des „Geschäftsnachfolgers" bekommen. Zudem wird dieser kleine Junge auffallend stark gefördert. Rebecca als älteste Tochter erfährt eindeutig eine „Zurücksetzung". Abgesehen davon ist zu erkennen, dass in der Ehe der Eltern die Karriere zu stark betont und die partnerschaftliche Komponente in den Hintergrund gedrängt wurde. Anhand dieser Auswertung kann ich nun versuchen, die Lebenssituation des hochsensiblen Kindes durch klärende Gespräche mit den Eltern positiv zu beeinflussen. In diesem Fall wurden die Informationen, die ich dem Grundriss der Wohnung entnommen habe, von den Eltern auch prompt bestätigt.

Mona, 13 Jahre, keine Geschwister.

Die Mutter kommt mit Mona in die Praxis, weil das Mädchen HSC-Symptome zeigt und verschiedene körperliche Probleme hat, unter anderem eine Skoliose der Wirbelsäule. Außerdem liegt auch hier eine geopathische Belastung vor, die zusammen mit anderen Stressoren ein entscheidender Auslöser für Skoliosen sein kann. Es stellt sich heraus, dass das Mädchen im Bett der Eltern schläft, das, wie aus dem Wohnungsplan hervorgeht, im Partnerschaftsbereich steht. In ihrem Bett will Mona nicht schlafen. Der Vater schläft in einem Gästezimmer. Er kümmert sich wenig um die Familie und verbringt jede freie Minute bis spät in die Nacht vor seinem Computer. Mutter und Tochter leiden sehr unter diesem Verhalten, und es ist offensichtlich, warum Mona „auffällig" geworden ist. Das Kind hat sich selbst einen Schlafplatz gewählt, der eigentlich dem Vater gehört. Auch im Alltag versucht die Tochter, das Defizit zu kompensieren, für das der praktisch „abwesende" Vater verantwortlich ist. Es kommt übrigens sehr häufig vor, dass ein Kind eine Disharmonie „erfühlt" und sie auszugleichen versucht, womit es jedoch eindeutig überfordert ist. Wenn der Harmonisierungsversuch misslingt, kommen auch noch Schuldgefühle hinzu. Das Kind nimmt buchstäblich die ganze Schuldenlast auf „seinen Rücken" (Skoliose), wenn ein Elternteil seinen Verpflichtungen nicht nachkommt.

Nachdem der Therapeut die Stressoren ausfindig gemacht hat, unter denen das jeweilige

Kind leidet, macht er sich daran, sie zu beseitigen, beispielsweise mithilfe der Neuralen Osteopathischen Therapie. Diese Therapie kombiniert Elemente aus der Osteopathie, der Kinesiologie und der Cranio-Sacral-Therapie. Es gibt auch noch andere alternative Therapien, die sich zur Behandlung hochsensibler Kinder eignen. Erwähnen möchte ich nur die Homöopathie und energetische Heilweisen wie zum Beispiel Reiki. Hauptziel einer jeden Behandlung ist die Beseitigung von Stress aus dem Leben des Kindes.

Außerdem muss ein hochsensibles Kind genügend Möglichkeiten haben, Energie aufzunehmen. Energie wird vor allem durch viel Bewegung an der frischen Luft und über gesunde Nahrungsmittel aufgenommen. Da sensitive Kinder alle Schwingungen ungefiltert aufnehmen, ist das Verzehren von Fleisch und Wurst für sie besonders belastend. Der Stress und die Panik, die sich in Tieren durch Massentierhaltung und besonders vor der Schlachtung aufbaut, gelangt über das Blut in das Muskelfleisch der Tiere und wird dort gespeichert. Wenn wir Fleisch essen, nehmen wir diese „negativen Schwingungen“ mit auf. Manch einen mag das nicht stören, hochsensible Kinder belastet es auf jeden Fall.

Wir sind die Eltern

Zweifeln Sie nie daran, dass eine kleine Gruppe aufmerksamer, engagierter Bürger die Welt verändern kann. Sie ist in der Tat nie durch etwas anderes verändert worden.

M. Mead

Die gnadenlos veraltete Struktur unseres staatlichen Schulsystems bereitet (nicht nur) hochsensiblen Kindern Probleme. Um ein Beispiel zu nennen: Am Tag der Zeugnisvergabe laufen im gesamten Bundesland die Notruftelefone heiß, weil Kinder unter schlechten Zeugnisnoten beziehungsweise deren Folgen leiden. Natürlich müssen Lehrer Leistungen bewerten, aber ist ihnen auch klar, was sie damit manchmal anrichten? Wie fühlt sich ein Lehrer, der zwar immer ordnungsgemäß „gewertet und benotet", aber einigen Kindern die Schule zur Hölle gemacht hat? Wie kann ein Kind Erwachsenen vertrauen, die es schon zu Beginn seiner Karriere (Schule) als „untauglich" abqualifizieren, weil sie es einfach nicht verstehen, geschweige denn lieben. Unser Planet Erde ist eine Schule der Liebe. Liebe ist eine starke, regulierende und kräftigende Energie. Die Abkehr von der Liebe hat immer eine Blockade zur Folge, die im Extremfall in die Krankheit führt. Unsere Gesellschaft krankt an einem Mangel an Liebe, der sich beispielsweise in der Ablehnung emotionaler Verantwortlichkeit äußert. Das müssen wir zu ändern versuchen – Tag für Tag, Schritt für Schritt. Es genügt nicht, diesen Mangel an Liebe bei anderen zu bemängeln oder Liebe von ihnen einzufordern. Damit bewegen wir uns in einem endlosen Kreis der nicht erfüllten Hoffnungen. Nur dadurch, dass wir unseren eigenen Liebesbeitrag leisten, bringen wir den entscheidenden Stein ins Rollen.

Hochsensible Kinder, die gerade jetzt, in dieser Phase des spirituellen Wandels, vermehrt auf diesem Planeten „landen", machen uns auf die Defizite in unserer Gesellschaft aufmerksam. Ihre „Auffälligkeiten" öffnen uns die Augen für die Unregelmäßigkeiten und Mängel in der Gesellschaft. Sie fallen aus der Norm und bringen unser Weltbild durcheinander, weil sie eben nicht ehrgeizig, lernwillig, leistungswillig und karrierebewusst sind. Sie verlangen mehr. Mehr von uns Erwachsenen und vor allem mehr von ihren Lehrern. Hier werden alte, vertrocknete Strukturen aufgebrochen, von Kindern! Und weil kaum jemand mit so viel Offenheit, Sensitivität und „Seele" umgehen kann, erklärt man diese Kinder für „auffällig" und „lerngestört". Weil man nichts anderes gelernt hat, verfährt man auch weiterhin nach dem Motto: „Jeder Zappelkasper wird in eine Kiste einsortiert." Doch das „Sortieren" ist nur auf den ersten Blick eine Lösung. Für den Sortierenden, der nun etwas „getan" hat, ist sie befriedigend, aber sie wird nie wirklich zur Lösung des Problems beitragen.

Wir sind das Volk. Dieser Slogan hat viel bewegt. Er entstand in der Zeit, als die innerdeutsche Grenze fiel. Solange das allgemeine Bewusstsein sich mit der Tatsache der Eingrenzung abgefunden hatte, hielt die Grenze. Doch nachdem die ersten Bürger ihr Bewusstsein auf Freiheit gelenkt hatten, wurde eine gewaltige Lawine ausgelöst, die letztlich zum Fall der Mauer führte. Jetzt geht es darum, dass sich alle Eltern und alle Begleiter dieser gesegneten Kinder solidarisieren, um ihnen bessere Startbedingungen für ihr Leben auf diesem Planeten zu sichern. *Wir sind die Eltern!*

Ein Blick in die Zukunft hochsensibler Kinder

Das allgemeine Interesse an hochsensiblen Kindern war noch nie so groß wie gegenwärtig. Nach meiner ersten Veröffentlichung zu diesem Thema bekam ich eine Unmenge von Leserzuschriften. Ein ähnlicher Trend zeichnet sich in meiner Praxis ab. Viele Menschen erfahren durch das Zusammentreffen mit einem hochsensiblen Kind etwas ganz Besonderes: Sie stehen einem „besonders auffälligen" und gleichzeitig eindrucksvollen kleinen Menschen gegenüber, dessen Präsenz sie in der Tiefe ihrer Seele berührt. Solche Begegnungen finden im privaten wie im beruflichen Umfeld statt. Das persönliche Einfühlungsvermögen und die gute Beobachtungsgabe des betreffenden Erwachsenen helfen ihm oder ihr, ein hochsensibles Kind recht schnell als solches zu erkennen.

Menschen mit einem gesunden Liebesempfinden erspüren das feine lichtvolle Wesen eines sensitiven Kindes, denn das innere Licht eines solches Kindes bringt die feinen inneren Saiten des Gegenübers zum Klingen. Dieses seelische Wechselspiel ist besonders eindrucksvoll, wenn sensitive Erwachsene mit sensitiven Kindern zusammentreffen. Doch auch Erwachsene, die selbst nicht sensitiv sind, berichten oft, dass hochsensible Kinder einen sehr positiven Eindruck hinterlassen. Warum das so ist, können sie schlecht beschreiben.

Natürlich gab es zu allen Zeiten und in allen Kulturen hochsensible Kinder, aber in unserem Kulturkreis wurde ihnen früher so gut wie keine Beachtung geschenkt. In der Kindererziehung orientierte man sich an traditionellen Werten und kümmerte sich wenig um das, was in der Seele eines Kindes vor sich ging. Einzig die Waldorfpädagogik hat auf diesem Gebiet schon immer Pionierarbeit geleistet.

Wir leben in einer Zeit der Erneuerung und des Umbruchs, aber auch in einer Zeit des spirituellen Wachstums. Die Zeit ist reif für diese besonderen Kinder mit ihrer außerordentlich feinen Wahrnehmung.

Es gibt mittlerweile auf der ganzen Welt sehr engagierte Menschen, die sich darum bemühen, diesen Kindern die nötige Aufmerksamkeit und Fürsorge zukommen zu lassen, auch in der Schule. Dennoch muss weiterhin eine Menge Aufklärungsarbeit geleistet werden. Betroffene Eltern, aber auch Therapeuten und Erzieher, sollten sich gemeinsam für eine besondere Förderung hochsensibler Kinder einsetzen. Sie gehören zwar keinesfalls in sonderpädagogische Einrichtungen, erfahren aber eine massive Benachteiligung durch das momentane Schulsystem. Deshalb muss die schulische Förderung dieser Kinder unter Berücksichtigung ihrer speziellen Seeleneigenschaften entschieden vorangetrieben werden. In vielen asiatischen Kulturen genießen Hochsensible besondere

Hochachtung. Das war übrigens auch in vielen anderen alten Kulturen der Fall. Wir im Westen machen gegenwärtig die ersten zögerlichen Umdenkversuche, die aber noch starken „Rückenwind" brauchen.

Und erneut stellt sich die Frage, warum uns gerade in dieser Zeit des Umbruchs immer mehr von diesen besonderen Kindern präsentiert werden. Sind sie die Vorboten eines Bewusstseinswandels auf der Erde oder gar die maßgeblichen Vollstrecker diese Wandels? Welche Aufgabe haben diese Kinder in der Zukunft, und haben sie wirklich die Möglichkeit, weit reichende Veränderungen herbeizuführen?

Ich denke, dass jedes hochsensible Kind in der Familie, in die es hineingeboren wurde, bereits eine Veränderung in Gang gesetzt hat, und je mehr hochsensible Kinder geboren werden, desto mehr Familien werden sich allmählich verändern. Zunächst geschieht dies nur dadurch, dass dieses Kind mit seiner besonderen Andersartigkeit und seinen sensitiven Energien präsent ist. Viele Mütter und Väter schildern die Erfahrungen mit ihrem Kind etwa so: „Sie ist einfach anders. Sie fühlt alles sehr schnell. – Er bringt unheimlich viel Schönes an Gedanken und Ideen mit ein." Diese sensitiven Kinder sind eine echte Bereicherung, weil sie das Denken und die Lebensweise ihrer Eltern durch ihre pure Präsenz sehr stark verändern. Das gilt natürlich grundsätzlich für jedes Kind, aber bei hochsensiblen Kindern geht diese Bereicherung sehr tief in die sensitive Wahrnehmung von Energien, Gedanken und Lebensinhalten.

Diese Kinder nehmen ihre Umgebung, die Natur, Menschen und Tiere mit sehr feinen und wachen Sinnen wahr. Zum Teil hat man den Eindruck, dass sie mental mit anderen Lebewesen kommunizieren. Eltern sollten sich ernsthaft für die außergewöhnlichen Wahrnehmungen ihres Kindes interessieren, aber möglichst nur ausgewählten Personen davon erzählen. Manche dieser Kinder können außersinnliche Erfahrungen sehr präzise beschreiben und erinnern sich an Begebenheiten aus ihrem früheren Leben. Dadurch bekommen auch Eltern und Geschwister eine Ahnung davon, wie bestimmte Dinge zusammenhängen.

Hochsensible Kinder weisen uns darauf hin, dass es nicht nur darauf ankommt, schnell, gut und „gewinnbringend“ zu sein, sondern dass es noch einen anderen Weg der Entfaltung gibt – einen Weg, der direkt aus den Herzen der Menschen kommt, den Weg der liebevollen Selbstverwirklichung. Auf diesem Weg spielen Leistungsdruck, Konsumzwang, High Tech und Genmanipulation keine Rolle. Vielleicht ist das der Grund, warum dieser Weg von vielen nicht akzeptiert wird. Hier kommen fest verwurzelte Ängste zum Vorschein, Ängste, die um den Verlust von Prestige und Macht kreisen.

Vielen Menschen fällt es äußerst schwer,

die traditionellen Rollen loszulassen, die ihre persönliche Weiterentwicklung nicht fördern, sondern eher blockieren. Und das, obwohl es deutlich und zum Teil sehr schmerzlich zutage tritt, dass diese Veränderungen kommen müssen. Jede strikte Weigerung, sie zu akzeptieren, führt zu einem Stillstand in der eigenen Entwicklung und damit zu gesellschaftlichen Problemen.

Hochsensible Kinder brauchen unser liebevolles Verständnis. Es ist sehr wichtig, dass sie Vertrauen in die Welt der Erwachsenen entwickeln. Aufgrund ihrer großen Sensitivität spüren sie sehr viel an Energien und leiden, wenn in verschiedenen Bereichen Blockaden entstehen, die durch Liebe aufgelöst werden könnten. Aus diesem Grund muss es immer mehr hochsensible Kinder geben. Sie werden gebraucht, damit mehr Ja-Stimmen für eine liebevolle, starke und zugleich freiheitlich entscheidende Gesellschaftsstruktur zusammenkommen. Diese Kinder sind Botschafter der Liebe und werden in einigen Jahren sicherlich eine gesellschaftliche Wende einleiten, die zu einer deutlichen Weiterentwicklung auf verschiedenen Gebieten führt.

Hochsensible Kinder bringen mehr Licht und Liebe in unsere Welt. Daher wünschen wir ihnen und allen Kindern von Herzen, dass sie sich bei uns wohl fühlen und sich zu gesunden, starken und liebevollen Menschen entwickeln können. Sie brauchen nicht nur unsere liebevolle Begleitung und Unterstützung, sondern auch die Gewissheit, dass wir in ihnen die besonderen Menschen erkannt haben, die maßgeblich an der liebevollen Veränderung unserer Gesellschaft und an der Heilung unseres Planeten beteiligt sind.

Hochsensible Erwachsene

„Leben ist nicht genug", sagte der Schmetterling. „Sonnenschein, Freiheit und eine kleine Blume muss man haben."
Hans Christian Andersen

Hochsensible Menschen hat es vermutlich zu jeder Zeit gegeben, aber nur wenige sind durch ihr Wirken berühmt geworden, manche erst Jahre nach ihrem Tod. Zu den bekannten Hochsensiblen gehören Dr. Edward Bach, Nostradamus, Paracelsus, Hildegard von Bingen, Gandhi, um nur einige zu nennen.

Zu Beginn des neuen Jahrtausends werden einerseits auffallend viele hochsensible Kinder geboren und andererseits erleben wir ein deutliches Ansteigen des allgemeinen spirituellen Bewusstseinsniveaus. Beide Faktoren tragen dazu bei, dass sensitive Menschen von der Gesellschaft stärker wahrgenommen werden als früher. Gleichzeitig waren die Bedingungen für das Erscheinen sensitiver Menschen auf diesem Planeten sicherlich noch zu keiner Zeit so günstig wie heute. Als Kinder und Erwachsene haben sie die Aufgabe, mehr Menschlichkeit und Liebe in die Welt zu bringen und positive Veränderungen herbeizuführen.

Fast alle hochsensiblen Erwachsenen erinnern sich mit gemischten Gefühlen an ihre Schulzeit. Die wenigsten haben die teilweise entwürdigenden Prozeduren vergessen, die sie über sich ergehen lassen mussten, um dann meist als „untauglich für den Schulalltag" eingestuft zu werden. Es gibt natürlich auch positive Erinnerungen, zum Beispiel an sensitive oder außersinnliche Wahrnehmungen in der Kindheit. Viele hochsensible Menschen haben sich jedoch aus verständlichen Gründen angewöhnt, diese Erinnerungen nur mit ausgewählten Freunden zu teilen.

Genau wie hochsensible Kinder verarbeiten auch hochsensible Erwachsene Informationen tiefer und intensiver als andere Menschen. Dabei besteht die Gefahr, dass sie durch bestimmte Eindrücke förmlich „überreizt" werden. Hochsensible Menschen brauchen also immer etwas mehr Zeit als andere, um Informationen und Reize zu verarbeiten. Kein Wunder also, dass der Übergang in eine weiterführende Schule für viele hochsensible Menschen ein Alptraum war. So manchen von ihnen klingen noch die pessimistischen Prognosen der ehemaligen Lehrer in den Ohren, die sich erfreulicherweise nicht bestätigt haben. Die Probleme hochsensibler Kinder waren vor zwanzig bis dreißig Jahren nicht viel anders als heute. Verschärft wurden sie allerdings noch durch eine sehr autoritäre Erziehung, unter der sicherlich alle hochsensiblen Kinder von damals stark gelitten haben. Die meisten ehemals hochsensiblen Kinder haben trotz der düsteren Prognosen von damals ihren Weg gefunden und gehen heute einer erfüllten Berufstätigkeit nach. Manche mussten Umwege machen und sich mehrmals neu orientieren, was aber letztlich immer zu ihrem Vorteil war. Diejenigen, die sich in jungen Jahren ihrer besonderen Fähigkeiten nicht bewusst waren und unter einem Mangel an Selbstbewusstsein litten, lernten mit zunehmender Reife immer mehr, sich dieser Fähigkeiten zu bedienen und sie im Alltag konstruktiv einzusetzen.

Woran erkennt man hochsensible Erwachsene?

- Sie sind sehr gefühlvoll, sensitiv und zurückhaltend.
- Meist wurden sie schon in ihrer Kindheit als sehr schüchtern bezeichnet.
- Lärm, Hektik, Zeit- und Leistungsdruck sowie Konkurrenzdenken sind ihnen unangenehm.
- Wenn sie Gewaltszenen im Fernsehen oder im Kino gesehen haben, fühlen sie sich unwohl und aufgewühlt.

- Stimmungen, Gedanken und Sinneseindrücke scheinen sie zu überwältigen.
- Sie sind schreckhaft, geräuschempfindlich und ruhebedürftig.
- Auf starke Sinneseindrücke reagieren sie schnell überreizt.
- Sie sind sehr hilfsbereit, offen und gewissenhaft.
- Sie können Behaglichkeit und Harmonie in einen Raum bringen.
- Wenn sie mehrere Dinge auf einmal tun müssen, sind sie überfordert.
- Sie lieben einen geregelten und harmonischen Tagesablauf.
- Sie benötigen mehrere kleine Mahlzeiten über den Tag verteilt.
- Ärger und Konflikte lehnen sie ab.
- Sie lieben die Natur, Pflanzen und Tiere.
- Sie sind sehr einfühlsam und mitfühlend.
- Oft verfügen sie über außersinnliche Wahrnehmungsfähigkeiten und sind begabte Heiler.
- Sie haben ein verkipptes Keilbein.

Viele Menschen, die meine Presseveröffentlichungen und dieses Buch gelesen haben, fragen sich, ob sie nicht selbst zur Gruppe der Hochsensiblen gehören. Daher stellt man mir oft die Frage, woran man hochsensible Menschen erkennt und wie man am besten mit ihnen in Kontakt kommt. Bekanntlich gehören Hochsensible nicht zu den Menschen, die sich ständig in den Mittelpunkt drängen und laut und aufdringlich ihre Rechte einfordern. Auch trifft man sie so gut wie nie in wallenden Gewändern einherschreitend oder Tag und Nacht auf dem Meditationskissen sitzend an. Es ist viel einfacher. Hochsensible Menschen sind mitten unter uns. Man kann sie überall antreffen, und meist fallen sie gar nicht weiter auf. Letzteres liegt daran, dass die meisten hochsensiblen Menschen ihr sensitives Potenzial nicht nach außen hin zeigen, sondern es meist sogar sorgfältig vor anderen versteckt halten – und das aus gutem Grund. Sie haben nämlich fast alle irgendwann in der Vergangenheit die schmerzliche Erfahrung machen müssen, dass sie wegen ihrer „Andersartigkeit" angegriffen, verletzt und abgewertet wurden.

Es ist also zunächst nicht ganz leicht, einen hochsensiblen Menschen von einem „normalen" Menschen zu unterscheiden, aber wer ernsthaft nach „Seelenverwandten" sucht, wird sie finden. Oft treffen hochsensible Menschen „zufällig" zusammen und schließen Freundschaften, die sich durch außergewöhnliche Intensität und Stabilität über viele Jahre hinweg auszeichnen. Solche Freundschaften haben dann eine größere Bedeutung als verwandtschaftliche Bindungen.

Hochsensible werden sich nie sonderlich mit bestimmten Berufen oder Freizeitbeschäftigungen identifizieren. Viel wichtiger ist ihnen, dass sie sich in ihrem beruflichen und privaten Umfeld wohl fühlen und dass die dort herrschenden Bedingungen mit ihren sensitiven Seeleneigenschaften in Einklang zu bringen sind. Ihr berufliches Umfeld sollte von Fairness, Freundlichkeit, Offenheit und Ehrlichkeit geprägt sein und unter den Kollegen sollte ein kameradschaftliches Klima herrschen. Viele Hochsensible bevorzugen eine freiberufliche Tätigkeit, bei der sie Disharmonien und Spannungen mit Kollegen umgehen können, denn Disharmonie ist etwas, worunter hochsensible Menschen außergewöhnlich stark leiden. Sie spüren die Konflikte einfach viel deutlicher, als ihnen zuträglich ist.

Ähnliche Bedingungen müssen natürlich auch im privaten Umfeld gegeben sein. Das Gefühlsleben eines hochsensiblen Menschen gestaltet sich nicht immer einfach, weil er eine feine Antenne für Missklänge in der Partnerschaft hat und diese schon im Frühstadium erfasst, also dann, wenn sie sich noch gar nicht manifestiert haben. Nicht immer kann der

Partner damit umgehen – es sei denn, er ist selbst sensitiv.

Hochsensible Menschen brauchen den Kontakt zur geistigen Welt, der in der Meditation oder mithilfe von anderen spirituellen Techniken hergestellt werden kann. Auf diese Weise können sie ihre Probleme am besten lösen, Probleme, deren eigentliche Ursache in einem Mangel an Selbstwertgefühl zu suchen ist sowie in Enttäuschungen, die sie während ihrer Kindheit erlebt haben. Hochsensible Menschen sind meist schon lange der Überzeugung, „anders" zu sein als andere, wobei dieses „Anderssein" immer einen entwertenden Beiklang hat. Der Keim für Versagensängste wurde meist in der Schulzeit gelegt, aber auch Angst vor Zurückweisung und Ablehnung ist immer präsent.

Es war bereits die Rede davon, dass hochsensible Kinder Liebe, festen Halt und ein spirituelles Angebot brauchen. Wenn diese Bedürfnisse nicht erfüllt wurden, wird sich das im weiteren Leben des betreffenden Menschen immer als Mangel bemerkbar machen. Wenn beispielsweise die Liebe gefehlt hat (besonders die Liebe der Mutter), wird sie von allen künftigen Partnern oder Partnerinnen eingefordert. Hochsensible Menschen reagieren schnell und heftig auf einen Mangel an Liebe, weil sie ein ausgeprägtes Bedürfnis haben, Liebesenergie zirkulieren zu lassen, ob als Empfänger oder Sender. Die Liebe hat auf jeden Fall immer einen sehr hohen Stellenwert im Leben eines hochsensiblen Menschen. Er liebt äußerst intensiv und ist im Zustand der Verliebtheit zu allem bereit, sogar zu Dingen, die ihn in Gefahr bringen können. „Fortgeschrittene" Hochsensible können diese Liebesenergie auch mithilfe von spirituellen Techniken zirkulieren lassen. Dann fließt die Liebe aus einer universellen Quelle, die grundsätzlich jedem Menschen zugänglich ist. Diese Quelle hat den Vorteil, dass sie verlässlich und rein ist und niemals versiegt.

Auch wenn einem hochsensiblen Kind das spirituelle Angebot vorenthalten wurde, wird es später unter diesem Mangel leiden und sich verstärkt für spirituelle Angebote aller Art interessieren. Daher findet man hochsensible Menschen oft in Yoga- und Meditationsgruppen und viele sagen, dass die Ausübung einer spirituellen Praxis (Gebet, Yoga, Meditation und so weiter) ein wichtiger Bestandteil ihres Lebens geworden ist. Aktuelle Forschungen belegen, dass Menschen, die eine religiöse Grundhaltung haben und regelmäßig meditieren, gesünder und ausgeglichener sind als andere.

Hochsensible Menschen verhalten sich im allgemeinen freundlich, hilfsbereit und sehr sozial. Sie haben ein stark ausgeprägtes Gerechtigkeitsgefühl und engagieren sich gern in sozialen und ehrenamtlichen Projekten. Allerdings werden sie auch oft angefeindet und ausgenutzt.

Viel Raum für sich selbst und genügend Rückzugsmöglichkeiten sind ebenfalls sehr wichtig. Die meisten Hochsensiblen brauchen regelmäßig über den Tag verteilte Ruhe- und Denkpausen, die sich durch gedankliches Abschweifen und Tagträumen ankündigen. Diese Pausen sollten respektiert werden, denn danach geht die eigentliche Arbeit meist wieder viel besser voran und kreative Ideen kommen ganz von selbst.

Hochsensible Menschen meiden Lärm und Hektik und verabscheuen Zeit- und Leistungsdruck. Am besten geht es ihnen in einem Umfeld, das von Verlässlichkeit, Stabilität und einem festen Rhythmus bestimmt wird. Das wirkt sich auch auf die Wahl ihres Partners aus. Kompromisse können hier nur bedingt geschlossen werden, vor allem dann nicht, wenn sie zu Unruhe und Unbeständigkeit im Leben des hochsensiblen Menschen führen würden. Aus diesem Grund leben viele Hochsensible bewusst allein oder in sehr tiefen emotionalen Verbindungen.

Auch sinnliche Genüsse gehören zu den Dingen, die hochsensible Menschen intensiver erleben als andere. Es ist ihnen zum Beispiel möglich, durch energetisch-spirituelle Sexualtechniken in feinstoffliche Gebiete jenseits der üblichen Wahrnehmung vorzudringen. Außerdem haben viele hochsensible Menschen seherische und heilerische Fähigkeiten und sind sehr kreativ.

Wir wissen, dass hochsensible Menschen die Fähigkeit haben, Gedanken und Emotionen ihrer Mitmenschen sehr präzise zu erfassen. Allerdings sind sich die meisten erwachsenen Hochsensiblen keineswegs darüber im Klaren, dass dem so ist, und wenn sie in Situationen kommen, in denen sich eindeutig beweist, dass ihre Intuition richtig war, sind sie erstaunt, weil sie eigentlich immer an ihren Fähigkeiten gezweifelt haben. Manche fangen dann an, ihre sensitiven Fähigkeiten konstruktiver zu nutzen und im Alltag einzusetzen.

Bisher haben wir uns in erster Linie mit den Hochsensiblen beschäftigt, deren Eltern keine Ahnung von den besonderen Eigenschaften ihres Kindes hatten und die aus diesem Grund kein besonders großes Vertrauen in ihre sensitiven Fähigkeiten entwickelt haben. Es gibt aber auch die Fälle, in denen sich die Eltern der Sensitivität ihres Kindes durchaus bewusst waren und ihm gerade deshalb besonders viel Liebe und Spiritualität geboten haben. Aber leider keinen festen Halt und nichts, was man mit dem in bestimmten Kreisen wenig populären Begriff Disziplin umschreiben könnte. Einige dieser Kinder haben später mehrere Ausbildungen begonnen, aber nicht abgeschlossen und gehen jetzt Beschäftigungen nach, die nicht ihrer Qualifikation entsprechen und für die sie entsprechend schlecht entlohnt werden. Ihnen fehlt die feste Führung, mit deren Hilfe sie trotz massiver Versagensängste einen erfolgreichen Weg einschlagen könnten.

Die Folgen dieses Mangels an Disziplin und innerer Klarheit machen sich auch in den persönlichen Beziehungen dieser jungen Erwachsenen bemerkbar. Oft schlittern sie von einer Partnerschaft in die nächste und lassen jedes Mal einen Scherbenhaufen zurück. Bei anderen schlägt er sich eher im Bereich der Finanzen nieder. Sie geben ihr Geld viel schneller aus, als sie es jemals verdienen können, und denken nicht daran, Rücklagen zu bilden. Oft sitzt man einem äußerst sensitiven und liebenswürdigen Menschen gegenüber und ist sogar in der Lage, all seine wunderbaren Eigenschaften zu erkennen, muss sich aber dennoch fragen, warum dieser Mensch mit seinem Leben nicht „klarkommt". Anzeichen für eine solche „Lebensuntüchtigkeit" sind massive Geldsorgen, Krisen in der Partnerschaft, zahlreiche Umzüge, unklare Zielvorstellungen, emotionale Unzuverlässigkeit und so weiter.

Wer solche Probleme hat, braucht feste Führung, die weder einengt noch die Bewegung hemmt. Hochsensible Menschen folgen ihren Eingebungen manchmal viel zu schnell und vernachlässigen darüber die rationale Planung, die auch zum Leben gehört. Weil sie als Kind nicht gelernt haben, sich an einer festen Richtschnur zu orientieren, trägt sie das Leben bald hierhin, bald dorthin, bis sie ihr Lebensziel schließlich völlig aus den Augen verlieren. Wenn Sie sich in dem, was Sie gerade gelesen haben, wiedererkennen, sollten Sie sich auf die Suche nach einer „weisen Frau“ oder einem „weisen Mann“ machen, die oder der Ihnen mit Rat und Tat zur Seite stehen kann. Wenn Sie aufrichtig suchen, wird Ihnen das Leben jemanden schicken, der diese Rolle für Sie erfüllen kann.

Die meisten hochsensiblen Menschen gehen sehr vorsichtig mit ihrer Sensitivität um und hüten sie, wenn sie sich ihrer bewusst sind, wie ein kostbares Gut. Dennoch finden sie im Lauf ihres Lebens Gleichgesinnte, mit denen sie sich austauschen können. Hochsensible Menschen gibt es in allen Berufen, und nicht immer sind sie auf den ersten Blick von „normalen Menschen“ zu unterscheiden. Viele haben gelernt, sich anzupassen und mit „dem Strom zu schwimmen“, was nicht ausschließt, dass sie unbewusst regen Gebrauch von ihren besonderen Fähigkeiten machen. Es gibt Richter, Kriminalbeamte, Rechtsanwälte, Börsenmakler, Psychologen und Ärzte, die neben ihrem Fachwissen auch ihre Intuition einsetzen, um zu teilweise sehr eindrucksvollen und erfreulichen Ergebnissen zu kommen.

Paramahamsa Hariharananda sagt dazu:

„Leider ist es so, dass man Intuition nicht beweisen kann, da sie die Grundlage aller Beweise ist. Es ist das Licht, das weder Natur noch Menschheit ist, aber beide gestaltet. Instinkt,

Vernunft und Intuition sind die drei Instrumente des Wissens. Instinkt gehört zu den Tieren, Vernunft zu den Menschen und Inspiration oder Intuition zu den Gottmenschen. Die Keime sind jedoch mehr oder weniger in allen Menschen vorhanden. Vernunft wandelt sich zu Intuition; daher steht Intuition nicht im Widerspruch zum Verstand, sondern bringt ihn vielmehr zur Vollendung. Die Intuition bringt Dinge zutage, zu denen der Verstand nicht vorstoßen kann. Diese widersprechen keinesfalls der Vernunft. So, wie man das Denken kultivieren kann, so kann man auch die Intuition entwickeln. Jeder Mensch besitzt die Kraft der Intuition, so wie er die Fähigkeit zu denken hat. Die Entwicklung der Intuition mittels Konzentration bewirkt eine Beschleunigung der menschlichen Evolution. Der beste Weg zur Erkenntnis wahren Wissens ist, die allwissende, von Gott gegebene Kraft der Intuition zu nutzen."

(Paramahansa Hariharananda, *Kriya Yoga*)

Ich hoffe, dass sich in Zukunft immer mehr hochsensible Menschen zusammenfinden, um sich miteinander auszutauschen und gegenseitig zu inspirieren. Ich wünsche mir, dass all diese Menschen auch weiterhin Schutz vor Anfeindungen und Angriffen bekommen. Mögen sie alle einen lichtvollen und gesegneten Weg gehen.

Zwölf goldene Regeln für hochsensible Menschen

Keine Angelegenheit der Welt wird uns unseren inneren Frieden rauben,
wenn wir in unseren Herzen stets einen Platz
frei halten, wo wir in uns selbst einkehren können,
ohne dass der Lärm der Welt mit eindringt.

St. Antonius von Florenz

1. Sorgen Sie für einen festen Tagesrhythmus, in dem Phasen für Schlafen, Essen (möglichst vegetarisch), Arbeiten, Muße, Sport und Entspannungsübungen ihren festen Platz haben.

2. Trinken Sie viel Wasser und meiden Sie Genussmittel (Nikotin, Koffein, schwarzen Tee, Alkohol etc.). Hüten Sie sich vor starken negativen Sinneseindrücken (Gewaltszenen im Fernsehen u. Ä.). Meiden Sie Lärm, Hektik und große Menschenansammlungen.

3. Bewegen Sie sich möglichst viel in der Natur und gönnen Sie sich die Beschäftigung mit Pflanzen und Tieren. Treiben Sie einen Sport, der Ihnen Spaß macht. Genießen Sie angenehme Sinneseindrücke (bildende und darstellende Kunst, Musik, Düfte, Farben etc.). Erzeugen Sie in Ihrem Umfeld ein Gefühl der Behaglichkeit.

4. Meditieren Sie regelmäßig und achten Sie unbedingt darauf, dass Sie genügend Schlaf bekommen. Gönnen Sie sich Ruhepausen und Phasen des „freiwilligen Alleinseins". Machen Sie Entspannungs- und Atemübungen, wann immer Sie sich gestresst oder angespannt fühlen. Achten Sie auf Ihre Träume.

5. Ziehen Sie sich zurück, wenn Sie das Gefühl haben, dass Sie überfordert oder gestresst sind. Erkennen Sie psychosomatische Beschwerden als Warnzeichen Ihres Körpers und Hilferufe Ihrer Seele.

6. Lernen Sie, „nein" zu sagen, ohne dabei ein schlechtes Gewissen zu haben. Erlauben Sie sich, eine etwaige Überlastung einzugestehen. Das fällt hochsensiblen Menschen sehr schwer. Lassen Sie auf keinen Fall zu, dass man Ihre Grenzen überschreitet und Sie ausnutzt. Legen Sie sich kein „Helfersyndrom" zu.

7. Vermeiden Sie den Kontakt mit Menschen, die Ihnen Energie abziehen oder die Sie ausnutzen beziehungsweise mental beeinflussen wollen. Segnen Sie diese Menschen in regelmäßigen Abständen.

8. Lassen Sie sich niemals unter Zeitdruck setzen und beginnen Sie niemals verschiedene Dinge auf einmal.

9. Achten Sie darauf, dass Sie sich selbst stets wertschätzen, und seien Sie nicht zu streng mit sich selbst.

10. Vertrauen Sie Ihrer Intuition in jeder Situation.

11. Verbinden Sie sich mit der göttlichen Quelle, aus der Liebe und Weisheit fließen.

12. Lassen Sie niemals zu, dass man Sie wegen Ihrer „Andersartigkeit" abwertet. Vergessen Sie das Lächeln nicht.

Ein Lächeln

Ein Lächeln bereichert den Empfänger und
den Geber.
Es kostet nichts und bringt so viel.
Es ist vielleicht nur kurz,
doch die Erinnerung daran
ist oft unvergänglich.

Keiner ist zu reich, um darauf verzichten
zu können.
Und keiner ist zu arm, dass er es sich nicht leisten
könnte.
Es bringt Glück und ist ein Zeichen
von Freundschaft.

Es bekommt seinen Wert erst dadurch,
dass es verschenkt wird.
Sollte der andere einmal kein Lächeln mehr zur
Verfügung haben,
überlasse ich ihm eins von meinen;
denn niemand braucht ein Lächeln mehr als der,
der keines mehr übrig hat.

(aus China)

Psychogramme hochsensibler Menschen

Aus der Kindheit und der Lebensgeschichte hochsensibler Personen ergeben sich typische Persönlichkeitsbilder. Anhand immer wiederkehrender Problematiken können einige Charakteristika schwerpunktmäßig herausgearbeitet werden.

Der als Kind wohlbehütete und verwöhnte Hochsensible

Der verwöhnte Hochsensible wurde von seinen Eltern möglichst gegen alle Belastungen des Alltags abgeschirmt. Aus falsch verstandener „Liebe“ heraus, hat man es dem Kind so schön wie möglich machen wollen. In der Regel hat es dann später auch den Beruf erlernt, den die Eltern ausgesucht haben. Das heranwachsende Kind war infolgedessen völlig abhängig von den Entscheidungen seiner Eltern und zudem sehr stark auf sie fixiert. Jede mögliche eigenständige Entwicklung oder Veränderung dieser behüteten Person wurde sogleich im Keim erstickt. Nötige Ablösungsversuche scheiterten in der Regel oder wurden erst gar nicht in Betracht gezogen. Nicht selten empfanden die Eltern jede Eigenständigkeit ihres Kindes als „beängstigend“.

Diese Hochsensiblen sind aufgrund ihrer Prägung meist sehr zurückhaltend.

Sie sind oft in Ämtern, Büros und öffentlichen Institutionen anzutreffen, wo die beruflichen Aufstiegschancen und Veränderungsmöglichkeiten eher eingeschränkt sind, ähnlich übrigens wie im Privatleben dieser Menschen. Vielfach legen sie großen Wert auf einen sicheren Arbeitsplatz und gesicherte Einkommensverhältnisse. Sie sind im Alltag und auch unter Kollegen oft als „Mauerblümchen" bekannt und kleiden sich auch entsprechend. Die Einschränkungen, die diese Menschen während ihrer Kindheit erfahren haben, führten dazu, dass es ihnen in der Regel nicht möglich war, ihren eigenen Weg zu finden. Und hätten sie ihn gefunden und gehen wollen, hätten sie wohl kaum mit der Unterstützung ihrer Eltern rechnen können. In vielen Fällen wurden ihre sensitiven Fähigkeiten in enge Schranken verwiesen und konnten sich weder voll entwickeln noch ausdrücken.

Der sehr autoritär erzogene und blockierte Hochsensible

Der blockierte Hochsensible hat meist eine sehr harte und gefühllose Erziehung genossen, in der Strenge und Autorität eine große Rolle spielten. Erfolg, Karriere und Geld waren zentrale Themen in der Familie und wurden zum „gefühllosen Inhalt“ der Erziehung. Diesen Kindern wurde durch Strenge mitgeteilt, dass für Emotionen kein Platz sei. Manchmal wurden sie aus „praktischen“ Gründen in Heimen und Internaten erzogen, wo sie oft eine erneute Abkehr von Emotionalität und Nestwärme erfuhren. Solche Kinder entwickeln sich im späteren Leben oft zu sachlichen, kühlen Menschen, die zeitweise sehr unter ihrer Emotionslosigkeit leiden. Obwohl die sensitiven Gefühlselemente nach wie vor in ihrem Inneren zu schlummern scheinen, wagen sie es oft nicht mehr, sich anderen zu offenbaren. In der Regel ist daran nicht nur die lieblose Erziehung schuld, sondern auch eine Vielzahl von emotionalen Verletzungen, die später im Leben erlitten wurden.

Viele dieser Menschen reagieren mit Kälte oder Ablehnung, wenn ihnen liebevolle Aufmerksamkeit geschenkt wird. Sie selbst scheinen ihre Emotionalität „eingefroren“ zu haben, und wenn es jemandem gelingt, sie zum klingen zu bringen, ziehen sie sich oft auf sehr verletzende Art in ihr Schneckenhaus zurück. Dieses Verhalten ist für Außenstehende nur schwer verständlich und löst nicht selten großen Kummer aus.

Vor allem für Lebenspartner wird das zu einem großen Problem, es sei denn, an der Partnerschaft sind zwei „emotionslose“ Menschen beteiligt. Dann sind beide sehr diszipliniert und unterdrücken einen großen Teil ihrer vitalen Bedürfnisse. Manchmal hat man den Eindruck, dass diese Menschen nicht wahrhaftig und frei leben können, weil ihre starre, leistungsorientierte Lebensphilosophie ihnen das nicht erlaubt. Erst im hohen Alter werden diese Menschen, oft durch Krisen bedingt, etwas weicher.

Sie arbeiten oft als Juristen, Banker oder Steuerberater. Gern kontrollieren und überwachen sie andere Menschen, um ihre Gefühllosigkeit auszugleichen. Kontrolle statt Liebe ist das Motto dieser Menschen, die gelernt haben, Emotionen weder zu zeigen noch auszudrücken. Es liegt auf der Hand, dass dies die Dinge in ihrem privaten Umfeld nicht gerade leichter macht, besonders in der partnerschaftlichen Kommunikation. Blockierte Hochsensible lassen die Menschen um sich herum gern über ihre wahren Gefühle im Unklaren und werden deshalb oft schlicht als „gefühlskalt“ bezeichnet. Das wiederum führt bei den betroffenen Hochsensiblen nicht selten zu psychosomatischen Beschwerden und Verhärtungen (z. B. Angina pectoris).

Der „abgewanderte" Hochsensible

Dieser Hochsensible hat sich sehr früh von seinem Zuhause abgelöst oder ist geradezu „ausgebrochen", weil er sich in seiner Familie unverstanden oder zu wenig beachtet fühlte. Manchmal waren familiäre Konflikte der Auslöser für diesen „Ausbruch", aber in den meisten Fällen führten eher „revolutionäre" Gründe dazu. Dieses Kind hatte den Eindruck, nicht genug Liebe und Spiritualität erfahren zu können, und fühlte sich zudem unverstanden und emotional nicht genug angesprochen.

Einige dieser Hochsensiblen schließen sich schon in sehr jungen Jahren Wohngemeinschaften oder auch Glaubensgemeinschaften an, die ihnen vorübergehend ein Gefühl der Nähe, ein spirituelles Umfeld sowie einen gewissen Freiraum gewährleisten. Doch nie erfahren sie jene vollkommene Geborgenheit, nach der sie sich sehnen. Hier wie in der eigenen Familie kommen sie sehr schnell an die Grenzen, die ihnen durch ihre Andersartigkeit gesetzt sind. Enttäuscht wandern sie dann von einer Wohngemeinschaft zur nächsten oder von einer Partnerschaft in die nächste und damit meist auch von einer Enttäuschung in die nächste.

Das Leben des „abgewanderten" Hochsensiblen verläuft oft höchst ungeordnet und chaotisch. Er sucht ständig nach Geborgenheit,

Freiheit und Spiritualität, vermeidet es jedoch, für Ordnung und Klarheit in seinem rastlosen Leben zu sorgen. Weil er Ordnung für eine unnötige Einschränkung hält, dreht er sich ständig im Kreis. In Notsituationen nimmt er den wohlgemeinten Rat von Außenstehenden und Freunden zwar zögernd an, aber letztendlich befolgt er ihn nicht. Er kann nicht allein sein und lebt sehr gefühlsbetont, wobei er seine Gefühle meist auf egoistische und narzisstische Weise auslebt, was bei seinen Lebenspartnern oft zu großen Verletzungen führt. Er selbst gerät durch sein Verhalten immer wieder in eine ganz typische Situation: Er steht vor einem Scherbenhaufen und versteht nicht warum. Dann denkt er lange über mögliche Ursachen nach, ist aber nicht in der Lage, sich ohne fremde Hilfe an eine tiefer gehende emotionale Aufarbeitung seiner Verhaltensweisen zu machen.

Weil sich diese Menschen schon sehr früh in ihrem Leben für die „Fluchtvariante" entschieden haben, um Schwierigkeiten zu umgehen, werden sie diese Variante auch später immer wieder anwenden. Bei diesen Hochsensiblen hat man oft das Gefühl, dass sie sich im Kreis drehen und die Signale ignorieren, die ihnen eine nötige Richtungsänderung anzeigen. Sie treten immer wieder in die gleichen „Fettnäpfe" und lernen die Lektionen, die das Leben ihnen beschert, einfach nicht. Es scheint, als gelänge es ihnen nicht, ihr Leben in den Griff zu bekommen. Das kann sich allerdings ändern, wenn diese Menschen einen erfahrenen und weisen Partner oder Freund haben, der ihnen in Krisenzeiten zur Seite steht.

Der entwickelte Hochsensible

Der entwickelte Hochsensible hatte meist schon als Kind gute Voraussetzungen, um zu reifen. Er wählt oft einen Beruf, der ihm Spaß macht, und absolviert, wenn nötig, entsprechende Zusatzausbildungen. Seine Freunde wählt er mit sehr viel Gefühl und Bedacht aus. Er selbst ist äußerst hilfsbereit und läuft in diesem Punkt manchmal Gefahr, ausgenutzt zu werden. Seine Partnerschaften sind meist stabil und gefühlvoll. Dieser Hochsensible überlegt sehr lange, bevor er sich endgültig bindet. Wenn dies jedoch geschehen ist, dann oft mit seiner „großen Liebe“, der er große Verehrung und Achtung entgegenbringt. Im Zusammenleben legt er großen Wert auf Gefühle und Gleichberechtigung. Im Haushalt, bei der Kindererziehung und bei allem, was im Alltag bewältigt werden muss, packt er gern mit an und legt stets großen Wert auf Fairness und Ästhetik. Im Beruf geht es ihm weniger darum, möglichst viel Geld zu verdienen, sondern eher darum, etwas zu tun, was echte Erfüllung verspricht. Andere Menschen kommen zu ihm, um ihm ihre Sorgen und Nöte anzuvertrauen, denn er ist ein gefühlvoller und aufmerksamer Zuhörer. In Notfällen ist er sofort zur Stelle, wobei er auch eigene Nachteile vorbehaltlos in Kauf nimmt. Aufgrund seiner vielfältigen Interessen und seines sozialen Engagements läuft er oft Gefahr, sich zu verausgaben. Außerdem fühlt sich seine Familie manchmal vernachlässigt, wenn seine überschäumende Hilfsbereitschaft ihn zu oft von zu Hause fern hält.

Energetische Angriffe auf hochsensible Menschen

Erwachsene Hochsensible brauchen im Grund genau dasselbe wie hochsensible Kinder: ein spirituelles Angebot, festen Halt im Leben und viel Liebe. Das spirituelle Angebot suchen hochsensible Menschen vor allem dann, wenn sie spüren, dass sie an einem Wendepunkt in ihrem Leben angekommen sind und in dieser Situation eine stärkere Bindung zur geistigen Welt brauchen.

Durch Techniken wie Yoga, Gebete, Meditation, Autogenes Training etc. können sie Kontakt mit dem „Göttlichen“ in sich selbst aufnehmen und finden dadurch nicht nur tiefe innere Zufriedenheit und Erfüllung, sondern auch sehr viel Kraft und Schutz für ihren Alltag. Daher sollte sich jeder hochsensible Mensch einer spirituellen oder religiösen Praxis widmen und sie fest in seinen Alltag integrieren. Abgesehen davon ist ein klar definiertes, wohl geordnetes Umfeld für alle hochsensiblen Personen sehr wichtig. Jede Unruhe, jede Unklarheit in ihrer unmittelbaren Umgebung verunsichert sie – umso weniger allerdings, je mehr sie in sich selbst gefestigt sind.

Hochsensible Menschen brauchen und geben sehr viel Liebe, und wenn sie während ihrer Kindheit keine übermäßig starken Verwundungen auf der emotionalen Ebene erlitten haben, ist dies ein Gebiet, auf dem sie sich sicher und unbefangen bewegen. Ihre Offenheit und ihre emotionale Lebensart bewirkt allerdings auch, dass sie schnell verletzt und angegriffen werden. Hochsensible Menschen empfinden Kränkungen wesentlich intensiver als ihre Mitmenschen, denn ihre Toleranzschwelle für emotionale Tiefschläge ist sehr niedrig. Oft erleben sie ihre Umwelt als lieblos, was sicherlich auch zutrifft, aber letztendlich entspringt die Liebe nicht nur den Herzen der Menschen, sondern auch einer höheren Quelle, die wir die geistige Welt nennen können. Jeder hochsensible Mensch, dem es gelingt, den Brunnen der Liebe, der aus dieser Quelle gespeist wird, in seinem eigenen Herzen zu entdecken, hat einen großen Schritt nach vorn geschafft.

Doch bis es soweit ist, müssen manche Hochsensible einen langen Leidensweg gehen. Oft erleben sie schon als Kinder, dass ihre besonderen Qualitäten von anderen abgewertet werden. Später gesellen sich zu den abwertenden Äußerungen oft regelrechte Angriffe aus dem Umfeld. Meist dauert es eine gewisse Zeit, bis die von solchen Angriffen Betroffenen die Hintergründe dafür erkennen.

Hochsensible Personen kommen früher oder später unweigerlich mit Menschen zusammen, denen im Kontakt mit ihnen eigene Defizite vor Augen geführt werden, beispielsweise ein

Mangel an Sensibilität oder gar Sensitivität. Das ruft in der Regel sehr schmerzhafte und frustrierende Gefühle hervor, die wiederum bewirken, dass solche Menschen einen Hochsensiblen als „störend und lästig“ empfinden und ihn angreifen. Diese Angriffe reichen von harmlosen Neid- und Hassgefühlen bis zu Beleidigungen, übler Nachrede und Mobbing. Die meisten hochsensiblen Menschen nehmen die unguten Bewegungen in ihrem Umfeld ganz schnell wahr und oft kennen sie sogar deren Verursacher, aber in der Regel trauen sie sich nicht, schlecht über ihre Mitmenschen zu denken, geschweige denn, Gegenmaßnahmen zu ergreifen. Die Folge ist, dass sich Hochsensible erst sehr spät, wenn überhaupt, vor solchen Angriffen schützen. In einigen Fällen mag das auch daran liegen, dass sie einfach nicht wissen, wie sie sich schützen können.

Die wirksamste Schutzmaßnahme besteht in der Stärkung des eigenen Energiefelds, zum Beispiel durch Meditation (im Sitzen, aber auch in Bewegung). Daneben ist es ratsam, sich von der angreifenden Person abzugrenzen, und zwar nicht nur körperlich, sondern vor allem auch auf der energetisch-mentalen Ebene. Diese Gegenmaßnahmen sollten möglichst umsichtig und überlegt eingeleitet werden, denn sie dürfen der hochsensiblen Person nicht noch mehr Ärger einbringen, als sie ohnehin schon hat.

Fallbeispiele

Im Laufe meiner langjährigen Praxistätigkeit habe ich viele hochsensible Kinder und Erwachsene kennengelernt. Jeder meiner Patienten hatte seine eigenen Probleme zu bewältigen und seine eigenen Lebensthemen zu bearbeiten. Ich habe viele unterschiedliche Stressmuster gelöst und vielen großen und kleinen Menschen geholfen, ein wenig besser mit der Welt und den Mitmenschen zurechtzukommen. Außerdem habe ich versucht, ihnen und ihren Angehörigen eine gute Begleiterin und Ratgeberin zu sein. Es war mir immer wichtig, die hochsensiblen Menschen über ihre besonderen Seeleneigenschaften aufzuklären, ihnen ihre Ängste und Selbstzweifel zu nehmen und ihr Selbstbewusstsein zu stärken. An dieser Stelle danke ich all meinen Patienten für das Vertrauen, das sie mir geschenkt haben.

Dirk, 14 Jahre, *ist sehr sensitiv und sensibel und leidet in der Schule unter Konzentrationsstörungen. Er lernt regelmäßig, aber nur mit mäßigem Erfolg. Als Einzelkind einer Unternehmerfamilie wird er sehr umsorgt. Leider bekommt der Junge kaum spirituelle Anregung. Sein Interesse für Tiere wird von den Eltern nicht unterstützt. Er soll Fußball und*

Tennis spielen, was ihm aber keine Freude macht. Dirk leidet unter einem schwachen Selbstbewusstsein und häufigen Bauchschmerzen, besonders nach Belastungen. Er wird von Hauspersonal versorgt, das auch die Hausaufgaben mit ihm macht.

Sonja, 9 Jahre, *war als Baby ein „Schreikind". Sie ist sehr klein und zart für ihr Alter. Im ersten Schuljahr hatte sie oft Kopfschmerzen, und nach wie vor ist sie in der Schule unkonzentriert und träumt viel. Sie interessiert sich sehr für naturwissenschaftliche und ethische Themen, aber kaum für das, was sie in der Schule lernt. Sonja hat typische HSC-Symptome (u. a. ein verkipptes Sphenoid).*

Jonas, 4 Jahre, *hatte nach seiner Geburt diverse gesundheitliche Probleme. Er stottert, ist sehr sensibel sowie klein und zart für sein Alter, zeigt typische HSC-Symptome und hat immer einen Schnuller im Mund. Die Mutter, die bis zur Geburt ihres einzigen Kindes in leitender Position tätig war, scheint der Mutterrolle nicht gewachsen zu sein, wirkt ständig völlig überlastet und spielt mit dem Gedanken, ein Au-pair-Mädchen anzustellen. Das sind keine besonders guten Bedingungen für ein hochsensibles Kind wie Jonas.*

Moritz, 6 Jahre, *hatte als Säugling schwere Trinkstörungen, wodurch er stark abmagerte. Später litt er unter Hautproblemen und Konzentrationsstörungen und wurde trotz bedingter Schulreife eingeschult.*

Alle Anzeichen für ein HSC-Syndrom sind vorhanden. Moritz leidet sehr unter dem Lärm und der Unruhe, die bei ihm zu Hause durch das starke Geltungsbedürfnis seiner kleinen Schwester entstehen. Auch von Seiten der Mutter kommt viel Stress und Unruhe, weil sie gerade an einer Weiterbildung teilnimmt.

Nach der Behandlung, in der Moritz sein persönliches Problem zur Überraschung seiner Mutter selbst sehr treffend geschildert hat, fängt das Kind plötzlich erstmals an, mit der Mutter zu schmusen. Seine Schulleistungen verbessern sich. Moritz ist sehr sensitiv und sammelt Engelbilder und Kristalle. Er ist sehr sozial eingestellt und erfasst emotionale Zusammenhänge sehr schnell.

***Marina, 7 Jahre,** mag gern Süßes. Sie ist sensibel und zurückhaltend. Sie hat Schutzengelbilder über ihrem Bett und liest begeistert Bücher über Tiere. Sie leidet unter starken Ängsten und mangelndem Selbstbewusstsein. Sie trägt ein silbernes Kreuz an einer Kette um den Hals. Dieses hatte sie sich gewünscht.*

***Viola, 5 Jahre,** ist in der Schule angeblich unkonzentriert und unruhig, obwohl sie im Kindergarten noch unauffällig gewesen sein soll. Sie ist klein und zierlich, trägt ein Silberkreuz um den Hals, sitzt völlig entspannt und aufmerksam auf dem Stuhl und beobachtet mich. Eine Schale mit Edelsteinen, Wasser und Blumen, in der eine Kerze schwimmt,* *bringen ihre Augen zum Strahlen. Viola hat typische HSC-Symptome und leidet unter Darmpilzen, deren Behandlung eine schulische Verbesserung bewirkte. Sie wird zusammen mit ihrer dreijährigen Schwester von einer Pflegemutter versorgt. Beide Kinder pendeln zwischen den getrennt lebenden Eltern hin und her.*

Florian, 7 Jahre, *hatte als Säugling Trinkprobleme, war immer klein und leicht und zeigt typische HSC-Symptome. Er leidet unter Unruhe mit Bettnässen, nächtlichen Schweißausbrüchen, nächtlichem Zähneknirschen und Problemen mit der Halswirbelsäule. Die Mutter hat viel Stress, was sich auf die Kinder überträgt, und bringt wenig Disziplin in der Betreuung der Kinder auf. Der Vater ist selten da. Florian ist in Anwesenheit vieler Menschen schnell gestresst und reagiert oft sehr aggressiv. Nach meiner Behandlung stellt er fest, dass ich „so schöne Ruhe" in ihn hineingebracht habe. Diesem Kind fehlt Halt und Liebe sowie ein spirituelles Angebot. Auch die Mutter braucht viel Hilfe und Zuspruch.*

Leon, 4 Jahre, *war bereits im Mutterleib sehr unruhig und nach der Geburt ein typisches Schreikind. Jede Nacht wurde und wird er sechs- bis achtmal wach, verlangt ein Fläschchen und schreit, wenn er keines bekommt. Im Bett liegend ruft er: „Die sollen weggehen, das ist mein Fläschchen" und deutet in die Luft. Das Ganze geschieht mehrmals in der Nacht, und immer ist Leon hellwach.*

Die Eltern sind seit zwei Jahren nervlich völlig am Ende. Keiner der Kinderpsychologen, die sie konsultiert haben, konnte ihnen helfen. Die erste Behandlung bei mir ergab, dass Leon typische HSC-Symptome zeigt und aufgrund von Schlafmangel ausgesprochen unausgeglichen ist. Dazu kam, dass er seit einigen Monaten jedesmal, wenn er durch eine Tür ging, versehentlich mit dem Kopf an den Rahmen schlug. Diese Störung konnte bei der zweiten Behandlung gelöst werden und trat danach nie mehr auf. Außerdem gelang es mithilfe einer erfahrenen Heilerin, zwei Kinderseelen zu lösen, die schon im Mutterleib anwesend gewesen waren (zwei Fehlgeburten der Mutter). Von da an konnte Leon ungestört schlafen und war ausgeglichen und entspannt.

***Anna, 8 Jahre,** ist ein für ihr Alter sehr zierliches und kleines Mädchen mit langen blonden Zöpfen. Sie kommt mit ihrer Mutter in meine Praxis, setzt sich auf den Stuhl vor meinen Schreibtisch und schaut mich aus ihren großen blauen Augen ruhig und erwartungsvoll an. Während ich mich mit ihrer Mutter unterhalte, interessiert sich Anna für die mit Wasser gefüllte Kristallschale auf meinem Schreibtisch, in der Blumen und Kerzen schwimmen.*
Die Mutter berichtet, dass Anna ein „Schreibaby" war, doch sei ihre Entwicklung unauffällig gewesen. In der Schule habe die Lehrerin Konzentrationsprobleme festgestellt. Anna träume sehr viel und zeige deutliches Desinteresse an bestimmten Un-

terrichtsthemen. Außerdem müsse die Lehrerin sie immer wieder ermahnen, die gestellten Aufgaben zügig und konzentriert zu bearbeiten. Die Mutter hat jedoch den Eindruck, dass diese Probleme nur in der Schule auftreten. Sie berichtet, dass Anna großes Interesse an der Natur habe, dass sie sehr hilfsbereit sei, auch Mitschülern gegenüber, und dass sie sich oft jüngerer, schutzbedürftiger Kinder annehme. Anna habe vor Schulbeginn oft Magenschmerzen. Die Mutter sagt außerdem, dass Anna sehr viele Dinge weiß und sich sehr für Abläufe im täglichen Leben interessiert. Auch bei den Hausaufgaben gebe sie sich sehr viel Mühe, und das trotz der Klagen der Lehrerin.

Dieses Fallbeispiel macht deutlich, dass die Mütter hochsensibler Kinder von Lehrern oft unnötig unter Druck gesetzt werden, weil diesen Lehrern eindeutig das nötige pädagogische Fingerspitzengefühl fehlt, um ein sensitives Kind im Schulalltag unterstützend zu begleiten.

Die Kinderärztin hat Anna ein Psychopharmaka verordnet, weil sie keine andere Möglichkeit sah. Dies lehnt die Mutter aus verständlichen Gründen ab. Während meiner Untersuchung und Behandlung ist Anna sehr kooperativ, offen, ruhig und gelassen. Ich stelle ein verkipptes Keilbein fest und einen Mangel an Selbstbewusstsein. Störungen der Konzentration kann ich nicht ausmachen. Nach der Untersuchung kläre ich die Mutter über die besonderen Merkmale des HSC-Syndroms auf und sie sagt mir, dass sie auch ein hochsensibles Kind war. Sechs Wochen spä-

ter hat Anna keine Probleme in der Schule mehr.

Tim, 7 Jahre, *litt in den ersten Wochen seines Lebens an Trinkschwäche und Untergewicht. Lebensmittelallergien und Hautprobleme kamen noch erschwerend hinzu. Er ist jetzt in der ersten Klasse und seine Lehrerin findet, dass er Konzentrationsprobleme hat. Als er zu mir in die Behandlung kommt, wirkt Tim sehr ruhig und gefestigt. Er erzählt von seinem Schulalltag und betont, wie sehr es ihn störe, dass es im Unterricht immer so laut und unruhig sei. Er könne dort nicht in Ruhe arbeiten.*

Mir fällt auf, dass Tims kleine Schwester, die ebenfalls anwesend ist, ständig unruhig hin und her hüpft, schreit und die Behandlung massiv stört, um Aufmerksamkeit zu bekommen. Die Mutter hat erhebliche Probleme, das Kind zu beruhigen und scheint von der Situation völlig überfordert. Ich bin gezwungen, ein ernstes Wort an die kleine Schwester zu richten, damit ich die Behandlung ihres Bruders fortsetzen kann. Damit scheint das Problem gelöst. Während der Untersuchung und Behandlung wirkt Tim sehr aufgeschlossen und reif. Er hat wie alle Kinder mit HSC-Syndrom ein verkipptes Keilbein und seine neuralen Schaltungen für Selbstbewusstsein sind nicht intakt.

Ich kläre die Mutter über die besonderen Probleme von hochsensiblen Kindern auf und mache ihr deutlich, dass ihr Sohn sowohl in der Schule als auch in der Familie mehr Ruhe braucht. Ich erkläre ihr auch den Zusammenhang zwischen der Unruhe der kleinen Schwester und den Konzentrati-

onsstörungen ihres Sohnes und lege ihr nahe, hier unverzüglich Abhilfe zu schaffen. Leider wird diese Problematik bisher weder von Lehrern noch von Eltern hochsensibler Kinder ernst genug genommen. Diese Kinder brauchen einfach mehr Ruhe, weil sie in einer unruhigen Umgebung regelrechte Qualen leiden.

Marianne, 30 Jahre, unverheiratet, keine Kinder, Landschaftsarchitektin, *ist schlank, fröhlich, aber auch sehr zurückhaltend. Die Untersuchung ergibt, dass sie sehr unter Stress steht und ein verkipptes Keilbein hat. Außerdem leidet sie unter Impfbelastungen und geopathischen Störzonen an ihrem Schlafplatz. Sie erzählt, dass sie an christlichen Themen interessiert ist und regelmäßig Yoga macht. („Ohne Yoga bin ich nicht glücklich.") In ihrer Firma engagiert sie sich ehrenamtlich für soziale Projekte, bekommt dafür aber nicht die nötige Anerkennung. Oft hat sie sogar den Eindruck, dass ihre wohlgemeinten Bemühungen von den Kollegen geradezu boykottiert werden. Sie macht dennoch weiter und hat immer das Wohl der anderen im Auge. Dies sind typische Merkmale eines hochsensiblen Menschen. Ein Teil der Behandlung besteht darin, Mariannes unbewusste Glaubenssätze in Bezug auf Selbstbewusstsein, Lob, Anerkennung, Weiblichkeit und Attraktivität neu zu formulieren. Ich kläre sie über ihre besonderen Persönlichkeitsmerkmale auf (die Merkmale einer hochsensiblen Persönlichkeit) und das scheint ihr, neben der Behandlung, eine* *große Hilfe zu sein.*

Entspannungsübung

Während Sie die folgende Entspannungsübung mit Ihrem Kind machen, sollte absolute Ruhe herrschen und jede mögliche Störung ausgeschaltet werden. Lesen Sie den Text langsam vor. Machen Sie an den mit drei Punkten markierten Stellen kurze Pausen, damit das Kind dem Geschehen in seiner Phantasie folgen kann.

Leg dich entspannt auf den Rücken, auf den Bauch oder auf die Seite. Du sollst weich und warm liegen. Leg deinen Kopf auf ein weiches Kissen und hülle dich in eine weiche warme Decke ein. Wir gehen zusammen auf eine wunderschöne Reise. Mach die Augen zu ...

Atme tief und entspannt ein und aus. Spüre, wie du mit jedem Atemzug immer ruhiger wirst. Spüre, wie dein Körper fest auf der weichen Unterlage liegt und wie die warme weiche Decke deinen Körper schützt und umhüllt ...

Gemeinsam besuchen wir jetzt einen wunderschönen Traumgarten. Atme tief ein und aus. Lass alle Gedanken los ...

Stell dir vor, du bist auf einem wunderschönen Spielplatz auf einer großen grünen Wiese am Waldrand. Die Sonne scheint, es ist ein warmer Sommertag ...

Schau dir den Spielplatz genau an. An seinem Rand fließt ein Bach entlang. Kaltes klares Wasser sprudelt über die dicken runden Kieselsteine, die im Bach liegen. Geh hin zu dem Bach. Schau ihn dir genau an und höre, wie das Wasser leise über die Steine plätschert. Über den Bach führt eine kleine Brücke aus Holz. Geh über diese Brücke ...

Auf der anderen Seite ist ein Wald aus großen, alten Bäumen. Du gehst auf dem weichen Waldboden tief in den Wald hinein. In dem Wald gibt es viele Tiere, Hasen, Füchse, Rehe und einen Förster, der den Tieren im Winter Futter gibt. Der Förster wohnt in einem Holzhaus am Waldrand. Die Tiere freuen sich, wenn Kinder zu ihnen in den Wald kommen, denn sie mögen Kinder sehr gern. Geh also ruhig hinein in den Wald und schau, ob du ein Tier findest ...

Wenn du weiter mit mir durch den Wald gehst, kommen wir zu einem Berg. Auf einem schmalen Weg gehen wir den Berg hinauf. Lass dir Zeit beim Gehen ...

Die Spitze des Berges besteht aus einem rauen Felsen mit einer kleinen Felsspalte darin. Und in der Felsspalte ist ein Adlernest mit jungen Adlern. Die Adlermutter fliegt hoch über dem Berg und zieht ihre Kreise in der Luft ...

Hinter dem Berg beginnt das weite blaue Meer. Viele große Wale schwimmen darin und pusten riesige Wasserfontänen in die Luft, bevor sie wieder untertauchen. Auch lustige Delfine schwimmen in diesem Meer. Sie spielen mit bunten Ringen und Bällen. Und dann schwimmen sie zusammen mit den Walen zu einer kleinen Insel in der Nähe der Küste. Die Insel ist umgeben von feinem, weißem Sandstrand. Auf der Insel wachsen große grüne Palmen und viele Tiere leben dort, vor allem kleine freche Affen und bunte Papageien ...

Und noch jemand wohnt auf dieser Insel: ein Traumengel. Er wohnt in einem Palast aus bunten Blumen und schreibt den ganzen Tag wunderschöne Träume für alle Kinder dieser Welt. Wenn er einen Traum aufgeschrieben hat, steckt er ihn in eine leere Flasche und wirft ihn ins Meer. Die Wale und Delfine tragen die Flasche mit dem Traum durchs Meer bis zum Fuß des Berges, auf dem die Adlermutter mit ihren Jungen lebt. Die Adlermutter wartet schon darauf. Mit dem Traum in der Flasche fliegt sie zurück zu ihrem Nest in der Felsspalte.

Dort warten die Adlerkinder schon ganz ungeduldig auf ihre Traumgeschichte. Während die Adlermutter vorliest, werden die Adlerkinder ganz müde und schlafen zufrieden ein ...

Wenn die kleinen Adler fest schlafen, nimmt die Adlermutter den Traum und fliegt mit ihm über den Wald. Sie fliegt zum Haus des Försters. Dort warten die Tiere des Waldes, denen der Förster jeden Abend eine Traumgeschichte vorliest. Die Tiere hören gespannt zu und werden sehr müde von der Geschichte. Schließlich schlafen sie eines nach dem anderen zufrieden ein ...

Wenn alle Tiere eingeschlafen sind, fliegt die Adlermutter mit der Traumgeschichte über die kleine Holzbrücke und den Bach und bringt sie zu den Kindern, die sich sehr darüber freuen. Die Traumgeschichte ist von weit her gekommen, von einer Trauminsel, auf der ein Traumengel wohnt, der sie geschrieben hat, weil er möchte, dass alle Kinder einen schönen Traum haben. Und wenn sich ein Kind einen besonderen Traum wünscht, schreibt er eine Traumgeschichte extra für dieses Kind ...

Jetzt darfst du dir einen besonders schönen Traum wünschen ...

Literatur

Kinderbücher

Atnip, Linda: *Mirandas Zaubergarten*, Aquamarin Verlag, Grafing, 1998

Eichhorn, Manfred: *Der müde kleine Schutzengel*, Patmos Verlag, Düsseldorf, 1998

Mary Summer Rain: *Mutter Erde, Vater Wind und die Geheimnisse des Lebens. Spirituelles Wissen für Kinder*, Verlag Hermann Bauer, Freiburg, 1994

Preußler, Otfried: *Die Abenteuer des starken Wanja*, Thienemann Verlag, Stuttgart, 1981

Sautter, Christiane: *Dein Engel und du*, Metathron Verlag, Seewalchen, 1992

Walsch, Neale Donald: *Ich bin das Licht. Die kleine Seele spricht mit Gott,* Hans Nietsch-Verlag / Edition Sternenprinz, Freiburg, 1999

Waldron, Linda: *Das Buch vom wahren Zaubern*, Christa Falk Verlag, Seeon, 1988

Bücher für Erwachsene

Brunton, Paul: *Gib jetzt nicht auf. Ein Ratgeber für schwere Zeiten*, Verlag Hermann Bauer, Freiburg, 1998

Deletz, Bodo: *Mary*, Lenz Verlag, Bochum, 1997

Egli, Rene: *Das Lola Prinzip oder die Vollkommenheit der Welt*, Edition d´Olt, Oetwil, 1999

Fox, Sabrina: *Wie Engel uns lieben. Wahre Begebenheiten mit Schutzengeln*, Droemer Knaur, München, 2000

Gawain, Shakti: *Meditationen im Licht*, Heyne Verlag, München, 1997

Gawain, Shakti: *Wege der Wandlung*, Heyne Verlag, München, 1998

Huibers, Jaap: *Hyperaktive Kinder körperlich und seelisch richtig (er)nähren*, Aurum Verlag, Bielefeld, 2000

Irwin, Anne: *Lieben statt erziehen*, Verlag Hermann Bauer, Freiburg, 1999

Jager, Berend: *Das intuitive Kind*, Aurum Verlag, Bielefeld, 1999

Khema, Ayya: *Das Größte ist die Liebe*, Jhana Verlag, Oy-Mittelberg, 1996

Khema, Ayya: *Der Pfad zum Herzen*, Jhana Verlag, Oy-Mittelberg, 1995

Klein, Benjamin: *Kennst du deinen Engel?*, Regiatrex Verlag, Ravensburg, 1987

Martin, William: *Das Tao te king für Eltern*, Aurum Verlag, Bielefeld, 2000

Mohr, Bärbel: *Der kosmische Bestellservice*, Omega Verlag, Düsseldorf, 2000

Müller, Dagmar: *Das Engelbuch der Wandlung*, Heyne Verlag, München, 2001

Roy, Ravi und Lage-Roy, Carola: *Schulschwierigkeiten. Homöopathischer Ratgeber Band 19*, Lage und Roy Verlag, 1998

Sai Baba spricht über Beziehungen, Govinda Sai Verlag, München, 1995

Souter, Keith: *Homöopathie für die Seele*, Goldmann Verlag, München, 1995

Williamson, Marianne: *Rückkehr zur Liebe*, Goldmann Verlag, München, 1995

Yogananda, Paramahansa: *Die Reise der Seele nach innen*, O. W. Barth Verlag, München, 1997

Yogananda, Paramahansa: *Wo Licht ist*, O. W. Barth Verlag, München, 1997